本书由苏州大学优势学科建设工程项目资助出版

主编 朱建刚 陶玉流

致敬百年 向新而行

追寻苏州大学体育百年荣光

苏州大学出版社
Soochow University Press

图书在版编目(CIP)数据

致敬百年　向新而行：追寻苏州大学体育百年荣光／朱建刚，陶玉流主编. -- 苏州：苏州大学出版社，2024.10. -- ISBN 978-7-5672-4976-9

Ⅰ. G807.4

中国国家版本馆 CIP 数据核字第 2024A3M709 号

ZHIJING BAINIAN　XIANG XIN ER XING
——ZHUIXUN SUZHOU DAXUE TIYU BAINIAN RONGGUANG

书　　名	致敬百年　向新而行——追寻苏州大学体育百年荣光
主　　编	朱建刚　陶玉流
责任编辑	管兆宁
装帧设计	吴　钰
出版发行	苏州大学出版社（Soochow University Press）
社　　址	苏州市十梓街1号　邮编：215006
印　　刷	镇江文苑制版印刷有限责任公司
邮购热线	0512-67480030
销售热线	0512-67481020
开　　本	787 mm×1 092 mm　1/16　印张：14.75　插页：1　字数：292 千
版　　次	2024 年 10 月第 1 版
印　　次	2024 年 10 月第 1 次印刷
书　　号	ISBN 978-7-5672-4976-9
定　　价	48.00 元

图书若有印装错误，本社负责调换
苏州大学出版社营销部　电话：0512-67481020
苏州大学出版社网址　http://www.sudapress.com
苏州大学出版社邮箱　sdcbs@suda.edu.cn

编委会

顾　问　王家宏　王国祥　陆阿明　罗时铭
主　任　朱建刚　陶玉流
委　员　丁海峰　王　妍　刘广飞　刘晓红
　　　　张大志　张宗豪　韩　政

前言

在全国上下贯彻落实党的二十大和二十届三中全会精神、进一步全面深化改革、推进中国式现代化的关键时刻,苏州大学迎来了体育专业创办100周年华诞。这是苏州大学体育教育发展的一个重要时间节点,也是我国高等院校体育教育事业发展的一件盛事。值此承前启后的历史时刻,苏州大学体育学院全体师生员工向长期以来关心、支持学院建设、改革与发展的各级领导、海内外校友以及社会各界贤达表示衷心的感谢和崇高的敬意!

历史从来不曾拥有简单而孤立的定义,它连接着过去与当下,并通往未来,给人提供一种借鉴与参照。我们总是力图把握其中的结构,透视其间的因果,总结其中的规律,以为镜鉴。习近平总书记指出:重视历史、研究历史、借鉴历史,可以给人类带来很多了解昨天、把握今天、开创明天的智慧。所以,追寻苏州大学体育教育发展的足迹,为我们打开历史视野、抓住时间节点、树立工作坐标提供了难能可贵的语境。以苏州大学体育专业创办100周年庆祝大会为契机,致敬百年沧桑岁月,向新而行,往高而攀,推进苏州大学体育教育实现高质量发展,这是我们编写此书的初衷和旨归。

苏州大学的前身是创办于1900年的东吴大学,东吴大学自建校伊始就非常重视体育运动对学生身体健康的促进作用,认为"体育之功能与德育并重",并广泛推行"强迫体育",由此奏响了东吴体育之声。早期的东吴体育培养了众多优秀体育人才,为推动我国近代体育事业发展起到了重要作用。如张信孚不仅是著名的远东运动会田径国手,而且是当时国民政府教育部体育委员会的委员。又如梁官松不仅是"亚洲球王"李惠堂的队友,而且还培养过许多优秀足球人才。从东吴时期开始,学校便与奥林匹克运动结下了不解之缘。1936年,东吴大学有5人参加了柏林奥运会,最为大家所熟知的是与刘长春等人一起参加比赛的程金冠,他先后参加了男子100米和4×100米接力两个项目的比赛,在柏林举行的奥运赛场上首次出现了东吴学子的身影。当时,东吴大学体育系首届本科毕业生王守方自费参加了柏林奥运会,并作了扯铃表演。在近代中西文化交流史上,特别是中西体育的跨文化对话中,这是一个具有典型意义的历史事件,它向世界形象地展现了中国民族体育的风采和神韵,是中西体育文化交流史上的一次有力握手。遗憾的是,这段珍贵的历史并不为世人所熟知,在体育史上也没有得到充分的彰显。通过此次编写，我们将这段史料加以挖掘整理，对中国近代体育史，尤其是中国人难以割舍的奥运情怀，无疑是大有裨益的。

虽然首次奥运之旅并不如意，但苏大人对奥运的情结历久弥新。2004年苏大学子陈艳青在雅典奥运会上问鼎冠军。2008年北京奥运会，陈艳青、吴静钰分别获得女子举重58公斤级冠军和女子跆拳道49公斤级冠军，周春秀获得女子马拉松赛季军。北京奥运会结束后，国际奥委会主席雅克·罗格致信苏州大学，对学校为奥运会所做的重要贡献表示感谢，对学校取得的优异成绩表示衷心祝贺。2012年伦敦奥运会，孙杨获得男子400米自由泳和1 500米自由泳冠军，王振东获得男子50公里竞走第十名。2016年里约奥运会，孙杨又获得男子200米自由泳冠军。2018年，郭丹在平昌冬奥会上获得速度滑冰女子集体出发第10名，2022年又获得北京冬奥会速度滑冰女子集体出发第13名。2024年的巴黎奥运赛场上，何冰娇获得女子羽毛球单打亚军，赵杰获得女子链球季军。光阴流转，奥运奖台方寸之地，折射出苏州大学体育从弱到强、从小到大、从稚嫩到成熟的一个发展历程。

为了更好地培养体育人才，东吴大学非常注重体育场馆建设。1928年11月，东吴大学董事会批准建造健身房和游泳池。1937年4月，在社会各界的大力支持和全校师生的同心协力下，东吴大学新体育馆举行落成典礼，东吴大学校董孔祥熙为体育馆题词。时任校长杨永清在典礼致辞中对东吴学子在参与体育、发扬体育精神方面提出了十点希望，这就是著名的"体育十诫"。然而，真正让东吴体育获得生命的是1924年创办的两年制体育专修科，这是苏州大学培养专门体育人才的起点。1926年，东吴大学在两年制体育专修科的基础上增设四年制体育本科。从1924年到1927年，东吴大学体育专修科共招收百余名学生，这一时期培养的学生主要满足各地青年会和教会学校对体育专业人才的需求。抗战时期，东吴大学在流亡中坚持办学。1941年12月7日，太平洋战争爆发后，鉴于时局，东吴大学与金陵女子学院合办体育系的计划落空。直到抗战胜利后，东吴大学的体育教学才逐渐恢复正常。

1952年，在高等教育院系调整中，东吴大学、江南大学和苏南文化教学院合并成立苏南师范学院。同年10月22日，正式成立江苏师范学院，在原东吴大学校址办学，从此奏响了江苏师范学院的体育音符。1952年，为解决中学体育师资短缺问题，江苏师范学院体育系创设一年制体育专修班，以培养急需的体育师资。1953年，江苏师范学院又正式创办两年制的体育专修科。鉴于体育干部的缺乏，江苏省体委于1953年创办江苏省体育干部训练班，暂设在江苏师范学院内，并组建了江苏省篮球队。1958年，江苏师范学院体育系停止招生，根据当时江苏省人民政府的要求，江苏师范学院1957级体育系学生和部分任课教师与江苏省体育干部训练班一起，全部并入刚刚成立的南京体育学院。这一时期，江苏师范学院体育系培养的学生人数是东吴大学时期的10倍多，为国家和江苏省培养了大批包括体育管理人员在内的各类专业人才，为缓解新中国体育人才匮乏做出了积极的努力。

1970年，大学重新开始招生。江苏师范学院体育系从1972年起开始招收工农兵大学生。到1977年恢复高考前，体育系共招收了5届工农兵大学生。这期间，虽然社会环境复杂，但体育系仍为社会培养了一大批优秀体育人才，这些毕业生迅速成为新时期各个工作岗位的中坚力量。

党的十一届三中全会后，随着党的工作重心转移和国家教育体制的改革，江苏师范学院也进入了发展的新时期。1982年6月，经国务院批准并发文，江苏师范学院改制为江苏省地方综合性大学，并更名为"苏州大学"。随着学校的改制，原江苏师范学院体育系也更名为"苏州大学体育系"。体育系紧跟形势，积极进行教育教学改革，初步形成了多层次、多规格、多渠道培养体育专业人才的局面。1996年，体育系根据自身状况制定了"三步走"发展战略，坚持深化改革，争取提高体育学科的竞争力，努力将体育系建成"国内一流、国际知名"的体育院系。1997年12月，经江苏省教育厅批准，体育系"撤系建院"，更名为"苏州大学体育学院"，开始进入新的发展语境，迎接新的时代挑战。

体育学院现有体育教育、运动康复、武术与民族传统体育和运动训练4个本科专业；拥有体育学博士后科研流动站、体育学一级学科博士学位授权点、体育博士专业学位授权点、体育学一级学科硕士学位授权点、体育硕士专业学位授权点。体育教育专业、运动康复专业入选国家级一流本科专业建设点。体育学科是江苏省优势学科、江苏省协同创新中心"新型城镇化与社会治理"主要支撑学科、苏州大学"211工程"重点建设学科、苏州大学一流培育学科，在全国高校第五轮学科评估中跻身国内一流学科行列。

学校是全国学校体育联盟（体育教育）江苏分联盟盟主单位和江苏省体育教育联盟盟主单位。体育学院拥有2门国家级一流本科课程、1门国家级精品资源共享课、2部国家级规划教材、1部全国优秀教材、1个江苏省教学团队等优质教学资源。学院还拥有国家体育总局体育社会科学重点研究基地、国家体育总局体育高端智库（2023—2025）、国家体育科普基地、国家体育总局机能评定与体能训练重点实验室、国家体育总局体育产业研究基地、国际奥委会奥林匹克研究合作伙伴、中国篮球文化研究中心、江苏高校哲学社会科学重点研究基地、苏州大学江苏体育健康产业研究院等科研平台，形成了教学、科研、管理相结合的开放式办学模式。

体育学院致力于高素质体育人才培养，以各级各类赛事为平台，以赛促学，以赛促练，彰显体教融合特色，为国家和社会输送了一大批高水平体育专业人才。1997年、2019年，体育教育专业学生两次代表江苏省参加全国体育教育专业大学生基本功大赛，均获得团体总分第一名。运动康复专业学生先后于2021年、2023年连续两次荣获全国高校运动康复专业学生技能大赛团体一等奖。

2019年，2015级运动康复班被共青团中央授予"全国五四红旗团支部"称号。2023年，学院团委被共青团江苏省委授予"江苏省五四红旗团委（团工委）"称号。在校学生多次在奥运会、亚运会、大运会、学青会等重大国际国内赛事中获得多枚金牌、银牌和铜牌。自第八届全国大学生运动会开始，学校蝉联"校长杯"。

在百年的体育办学历程中，苏大体育人秉承"养天地正气，法古今完人"的校训，坚持"包容、公平、高效"的办学理念，凝练出"健""行""厚""德"的精神品质。在"体育强国"和"双一流"建设的宏伟蓝图中，紧紧围绕"国内一流、国际知名"的目标定位，坚持为党育人，为国育才，扎根中国大地办教育，主动作为，砥砺前行，不断推动体育教育事业实现高质量发展。

汉娜·阿伦特认为："我们处在忘记过去的危险之中，而且这样一种遗忘，更别说忘却内容本身，意味着我们丧失了自身的一个向度，一个在人类存在方面纵深的向度，因为记忆和纵深是同一的，或者说，除非经由记忆之路，人不能抵达纵深。"当我们用当下的目光去回望流淌而来的历史时，除了萌生时空错愕感外，更多的是敬佩之情和敬畏之心。这激荡百年的体育办学历程，是一段从0到1的创业史、探索史，是一部不懈奋斗的改革史、发展史，展示给我们的是一段岁月，也是一种记忆。站在历史新起点，我们将在创办国内一流、国际知名体育学院的征程中，继承优良传统，致敬百年，向新而行，凝心聚力奔赴未来，为我国体育教育事业的进步与发展做出新的贡献！

"盛世修史，资政育人"。希望通过对苏州大学体育教育发展历程的梳理，客观地反映出苏州大学体育教育百年的沧桑巨变，弘扬成绩、总结经验、振奋精神、负重前行、以史为鉴，取得新的发展。本书在修订、编纂过程中得到了很多离退休老干部、老教授、老职工的大力支持与帮助，他们不辞劳苦，提供思路、照片和文字资料，在此对他们所付出的努力表示衷心的感谢！同时，也对给我们提供资料的在职教职工表示衷心的感谢！

在本书的编写中，我们做了不懈的努力，但仍不能把每件事、每个人都一一涉及，更不能把每个事件背后所蕴含的全部内容表现出来。事件的历史性和当代性在不同的空间和语境中会呈现出不一样的解读，我们在坚持唯物史观的前提下，本着详近略远、厚今薄古、公正客观的思路，采用编年史的方法，只对一些重要的事件做线条式的勾勒，不作评价或判断。由于时间仓促、编者水平和精力所限，书中错误和疏漏之处恐在所难免，我们将在后续的修订中及时完善，敬请广大校友、知情人士和全体师生员工予以理解和谅解。

编委会
2024年8月

目录

第一章　东吴之声（1952 年前）

- 第一节　奏响华东体育的开篇　/ 1
- 第二节　创建东吴大学体育系　/ 10
- 第三节　闪耀的东吴体育之星　/ 14

第二章　师院音符（1952—1976）

- 第一节　新中国江苏体育干部的摇篮　/ 18
- 第二节　"文革"时期的工农兵大学生　/ 25
- 第三节　记忆中的师院体育人　/ 26

第三章　苏大交响（1977—1996）

- 第一节　掀起改革大潮　/ 35
- 第二节　大运会上显身手　/ 45
- 第三节　华东区高校体育院系协作组　/ 49

第四章　十年辉煌（1997—2007）

- 第一节　破茧成蝶，成立体育学院　/ 55
- 第二节　与时俱进绘蓝图，齐心协力谋发展　/ 58
- 第三节　春华秋实，体院十年业绩　/ 62

第五章　势起新章（2008—2024）

- 第一节　确立发展新格局　/ 108
- 第二节　学科建设引领人才培养　/ 111
- 第三节　科学研究成效显著　/ 117
- 第四节　教学改革成果显著　/ 138
- 第五节　运动竞赛与队伍建设　/ 150
- 第六节　硬件支持与软件建设　/ 171
- 第七节　交流合作与社会服务　/ 176

附录1　苏州大学体育学院（系）历届领导班子序列表　/ 187

附录2　苏州大学体育学院（系）发展大事记　/ 191

第一章

东吴之声（1952年前）

在中国近代体育史上，东吴大学的体育曾首屈一指。学校推行"强迫体育"运动，很早就组建学校运动队，并发起成立了华东地区最早的校际体育组织，开展校际体育比赛活动。此外，学校还培养了多名运动员代表国家参加远东运动会，并且产生了多名奥运国手。特别是1936年，东吴大学共计有5人出席柏林奥运会。其中一人是参加比赛的运动员（程金冠），一人是中国奥运代表团的顾问兼总教练（郝更生），两人是参加奥运会的赴欧体育考察团代表（许民辉、彭文馀），一人是自费参加奥运会的选手（王守方）并在奥运会上表演了中国传统体育项目扯铃。

第一节

奏响华东体育的开篇

一、推行"强迫体育"运动

苏州大学坐落于素有"人间天堂"之称的古城苏州，是国家"211工程"重点建设高校和江苏省省属重点综合性大学。其前身东吴大学是一所教会学

东吴大学校门及校训

校，于1900年由美国基督教会监理会创办。它是由苏州博习书院、宫巷书院、上海中西书院合并，以宫巷书院为基础，在苏州天赐庄博习书院旧址上扩建而成。

教会学校在近代中国有着特殊的地位，由于它与西方文化乃至西方社会有着较多接触，所以在中国教育近代化进程中起着某种程度的示范和导向作用。它在体制、机构、计划、课程、方法乃至规章制度诸多方面，直接引进西方教育模式，从而在国内教育界和社会上产生了颇为深刻的影响。与晚清时期的官办学堂不同，教会学校极为重视体育对于人才培养的重要作用，认为接受体育教育是每个学生的义务。这种教育理念使得教会学校在近代中国高等学校体育教育方面处于领先地位，并在具体实践中做出了较大贡献。可以说，近代体育观念首先形成于进行西式教育的教会学校，进而扩大并影响到社会层面。

作为教会学校，东吴大学自创办之初就非常重视体育运动对于学生身体健康的促进作用，认为"体育之功能与德育并重"。首任校长孙乐文在《东吴大学堂试办章程》中指出："每日临晚，散学后一例体操，以舒气血。体操器具由本学堂置备。人之一身闷则不舒，不舒必疾。故即游息之时亦不妨随意畅乐。"此外，学校还广泛推行"强迫体育"运动。每天下午课外活动时间一到，除学校的大门关闭以外，所有的教室门、图书馆门、寝室门、食堂门也都关闭，学生一律被赶到操场。操场上设有若干个体育活动点，如田径的、足球的、网球的、排球的等。每个活动点上都配有体育指导教员。学生可根据自己的志愿和爱好选择体育活动点，并随时可以得到体育指导教员的帮助。

东吴大学在广泛开展近代西方体育活动的同时，还加入当时正在全国兴起的兵操训练的行列。据文乃史校长回忆，早在1903年，学校就曾聘请博习医院的美国人罗格思担任东吴大学的兼职兵操教习。罗格思是一位牧师兼药剂师，在东吴大学推广了他在美国著名的西点军校所受训的内容。

东吴大学早期的兵操训练场景

二、发起成立华东大学体育联合会

(一) 华东四大学体育联合会

1903年,东吴大学校内已建有诸如"健身会""踢球班(足球队)""篮球班(队)""网球会"等多种运动队组织。以下是1903年东吴大学年刊《雁来红》留下的东吴大学篮球队照片。

当时东吴大学篮球一队队长是马福泉,队员有陶赓鱼、徐生棠、沈仙彭、张菊泉等人;篮球二队队长是程叔良,队员有徐天林、富振卿、蒋鹤庭、张少垣等人。

1903年成立的东吴大学篮球队

基于良好的体育基础,东吴大学于1904年首先发起成立了"中华大学生体育联合会",也称"华东体育联合会",或称"四大学体育联合会",这是华东地区最早的校际体育组织。四大学体育联合会成员学校包括东吴大学和上海的圣约翰大学、南洋公学与中西书院。这个跨地区的大学生体育组织,每年春、秋两季在四校轮流举办运动会,比赛项目主要是田径,其中第一届田径运动会就是在东吴大学举行的。

1904年4月23日,由司马德组织发起的华东四大学体育联合会第一届田径运动会在东吴大学举行。"每逢春秋佳日,有观运动会者,络绎奔驰于道",这就是当时东吴体育对苏城影响的真实写照。从此,在东吴大学的校园里,学子们高举体育救国的大旗,在"强国必先强种,健身而后健行"的口号下,将体育救国的梦想寄托在绿草茵茵的运动场上,体育成为东吴校园的一种新风尚和时髦。

除参加四大学体育联合会举办的体育赛事以外,东吴大学还经常与本地的一些学校进行体育方面的交流。1906年7月第2期《东吴月报》就曾报道了东吴大学与萃英书院的一场足球比赛。

1909年,四大学体育联合会因南洋公学、中西书院和东吴大学的先后退出而自动解散。

(二) 华东各大学体育联合会

1914年5月,在东吴大学的倡议下,一个新的华东地区校际体育组织"华东六大学校联合会"（也称"华东各大学体育联合会"）正式成立。参加该体育组织的6所学校是：上海的南洋大学、圣约翰大学、沪江大学，南京的金陵大学，杭州的之江大学和苏州的东吴大学。由于东吴大学的司马德在当时的华东体育界有着较高的威望，因而6校代表一致推举东吴大学为联合会盟主，并于同年5月16日在东吴大学召开了联合会成立后的首届田径运动会。

首届田径运动会共设置了13个单项，分别为100码（1码≈0.9144米）、220码、440码、880码、880码接力、220码低栏、120码高栏、跳远、跳高、撑竿跳高、标枪、铁饼、铅球。每项取前三名，按3分、2分、1分计算团体分。团体总分第一的队为冠军队，分别奖给流动性银盾和康乃尔杯一具。对连续三年获得冠军的队，则将康乃尔杯作为该队的永久性奖品。

在成立的当年，华东各大学体育联合会除了举办首届田径运动会外，还增设了足球比赛项目。赛期安排在冬季开始，至次年春季结束。比赛方法是先分组进行淘汰赛，即上海的三所大学为一组，上海以外的三所大学为另一组，然后由两组中的优胜者进行决赛，产生六大学联合运动会的年度冠军。1914年度的足球冠军为南洋大学队，东吴大学队获得亚军。

在华东各大学体育联合会期间，东吴大学队曾获得过1919年度足球赛冠军。1920年出版的《东吴》杂志报道："东吴足球队于民国九年元旦，到上海去和南洋大学作六大学的比赛，结果是二与一之比，我们胜了。当夜得了这个消息，大家欢喜得了不得，就推定两个代表到上海去，全体的同学都到火车站去恭迎。观前街上有几家商店也悬旗燃竹庆贺。我们这夜里就开了个庆祝会，因为我们东吴足球优胜，这一次成绩是很好的，不可不记。"

获得1919年度足球赛冠军的东吴大学队

1915年，华东各大学体育联合会增加了棒球和网球两个比赛项目，1916年又增加了篮球比赛项目。

六大学每年的赛事虽然只是几所大学之间的校际比赛活动，但在当时却有着极大的社会影响力,特别是对华东地区的影响更是巨大。每次比赛均会引起媒体的高度关注,就连当时极具影响力的《申报》也常将其作为重要新闻来报道。如1919年4月21日,《申报》报道了在东吴大学举办华东六大学校联合运动会的情况:"今日,天赐庄东吴大学校开联合运动会。沪江大学因人少未到,故只有金陵、之江、东吴三校,男女来宾约二千余人,操场宽阔,当不觉十分拥挤。运动各节颇见精神。"报道还详细介绍了各个项目的比赛情况和成绩。1919年11月5日,《申报》又专题报道了六大学的网球比赛:"东方六大学每秋有网球比赛之举,角力之法,分南洋、沪江、圣约翰为一组,金陵、东吴、之江为组。今秋比赛已经匝月,上海方面,圣约翰最为胜利,内地方面首推东吴。"

(三) 华东八大学体育联合会

1920年冬,南京的东南大学和上海的复旦大学加盟华东各大学体育联合会,由此诞生了"华东八大学体育联合会",也称"东方八大学体育联合会"。主要负责人有东吴大学的司马德、南洋大学的莱史礼、东南大学的麦克乐,三人之中又推举司马德为华东八大学体育联合会的书记。

华东八大学体育联合会成立后,每年仍要举行各种各样的校际体育比赛,其中较为固定的有田径、篮球、足球、网球等比赛项目。田径和篮球比赛通常安排在春季进行,足球和网球比赛安排在秋季。田径比赛中的单项按成绩取前三名,分别授予金牌、银牌和铜牌,同时记团体分。团体也取前三名,按总分高低奖给银盾、银杯。球类比赛按抽签分成两组,每组先进行循环赛,然后由各组的第一名进行冠亚军决赛。球类比赛的奖励形式为奖杯制,即团体获大奖杯,个人获小奖杯。八大学的球类比赛以足球、篮球最多,其次是网球、棒球和垒球。比赛由八大学轮流举办,经费由各校分担。

1921年的华东八大学体育联合会首届田径运动会由东吴大学承办,这年5月15日的《申报》对这届运动会做了非常详细的报道。

1921年5月15日《申报》的报道

1922年，在金陵大学举办的华东八大学体育联合会第二届田径运动会上，东吴大学以42分的成绩获得团体总分第一。学校为这次田径运动会夺冠举办了一场隆重的庆祝活动。1922年7月的《东吴》杂志记载："此次华东大学体育联合会田径赛于5月13日在南京金陵大学举行，本校运动员共得42分，遂占八大学第一名，且个人第一亦为本校运动员李骏耀所得，共有15分。于是校务部就准健身会要求，在15日停课一天。上午11时，全体穿制服，列队步行到火车站迎接运动员。下午3时回校。一路却逢大雨，极为狼狈。7时开欢迎会，演说的有文（乃史）代理校长，学生会会长沈体兰，健身会会长祝海如，运动教练员聂显，田赛部干事黄仁霖，田赛部领袖李骏耀等。"

获得1922年第二届田径运动会冠军的东吴大学队

在1923年上海圣约翰大学举行的华东八大学体育联会第三届田径运动会上，东吴大学队蝉联冠军。

表1-1是截至1926年东吴大学田径比赛纪录统计表。

表1-1　东吴大学田径比赛纪录统计表

项目	成绩	纪录时间
100码	10秒4	1913年
220码	24秒	1917年
440码	56秒	1921年
880码	2分10秒2	1920年
1英里	5分13秒	1921年
120码高栏	17秒	1921年
220码低栏	28秒	1921年
跳高	5英尺4英寸	1914年

续表

项目	成绩	纪录时间
跳远	21 英尺 1 英寸	1925 年
撑竿跳高	10 英尺 3 英寸	1926 年
推铅球（12 磅）	37 英尺 8.75 英寸	1921 年
掷铁饼	139 英尺 1 英寸	1920 年

注：1 英里 = 1.61 千米，1 英尺 = 0.304 8 米，1 英寸 = 2.54 厘米，1 磅 = 0.454 千克

在华东八大学体育联合会举办的各种球类比赛中，东吴大学网球队曾于1921年、1922年蝉联过冠军。东吴大学网球队的成绩是骄人的，当时的网球队领队俞杰在东吴大学《网球队小史》中写道："东吴大学网球队，在每次华东各大学比赛时，总是要给人家以极大的恐怖的，人家提起今年谁家夺得锦标，东吴二字，从未被摈。虽则有时不幸失败，于决赛周中，而在我们未完全赛毕时，总没有一个人敢断说我们是必败的，这可以显出我们'战到底'的精神。"

获得 1922 年网球比赛冠军的东吴大学队

三、东吴体育的创始人——司马德

1900 年东吴大学成立时，招聘教师困难重重。到1903 年，东吴大学一共只有 14 名教师，其中美国籍教师有 7 名。司马德可谓是其中最富有传奇色彩的一位。

司马德，毕业于美国范德比尔特大学数学系，获硕士学位。1903 年来中国，任东吴大学数学教授，兼任体育教员，协助学校的行政管理工作。司马德刚到苏州时，东吴大学的学生正在接受和美国西点军校一样严格的军事化体操训练。这种抑制个性的锻炼方式刺激了司马德，他决心给东吴大学的体育运动增加一些新的内容。

司马德

在美国读大学时，司马德曾是一位全能运动员，他将自己最拿手的球类运动带到了东吴大学，组建了东吴大学足球队。1903年东吴大学的第一本年刊《雁来红》上刊登了这支中国最早的足球队的照片。

1903年成立的东吴大学足球队

司马德在东吴大学竭力提倡、推行"强迫体育"运动的同时，于1904年成立了东吴大学第一支田径代表队，并同时发起成立了四大学体育联合会，这是华东地区第一个校际体育组织。司马德还是后来华东八大学体育联合会的发起人和书记，并担任过第一届远东运动会（1913）的执行委员。他在东吴大学共服务了18年，于1921年因霍乱病故。司马德不仅为东吴大学的体育工作做出了贡献，而且为整个华东地区乃至全国体育工作的开展，发挥过积极的推动作用。美国范德比尔特大学也许根本就没有想到，该校数学系的毕业生后来会成为中国华东地区体育联赛运动的创始人。

司马德还带给东吴大学另一项新运动——体操。体操后来成为东吴大学学生最喜欢的运动之一。在1926年东吴大学校庆表演中，东吴大学的体育科学生已经能够搭建人山，做出一些较有难度的动作了。

司马德因病在苏州去世后，接替他工作的是聂显。聂显也是美国人，擅长篮球和棒球。在继任华东八大学体育联合会书记一职时，他曾发起成立"江南中学篮球联合会"，后回国。

1935年，东吴大学通过募捐的形式兴建了一座体育馆。体育馆于1937年建成，为纪念司马德对东吴大学体育的贡献，将体育馆命名为"司马德体育馆"。

如今，司马德体育馆已成为可以触摸和观赏东吴体育历史文化的重要载体。它在向人们诉说老东吴体育显赫成绩的同时，也向人们昭示着苏州大学体育未来发展的辉煌。

聂显

四、建设校园体育场馆

东吴大学一开始是在天赐庄原博习书院校址办学,很长时间内一直使用博习书院的校舍和建筑,经费筹措和校舍建设成为东吴大学创办之初的当务之急。随着学校规模的不断扩大和经费的日益充足,学校对体育教育的投入也逐年增多,体育办学条件不断改善。1917年,东吴大学在学校附近购买了一块地皮,原打算在此建设中学,后因资金不足而改为操场,增加了体育活动的场所。1920年,为了给学生提供良好的活动场所,学校在资金困难的情况下自行设计建设了一个半封闭式的健身房,保证了在任何天气下体育课的正常进行。1924年,在体育系主任聂显的努力下,学校又在健身房的南面新建一个淋浴室,以方便学生运动之后即行沐浴。就当时的体育办学条件来看,东吴大学在全国明显处于领先地位。

(一)司马德体育馆

为更好地促进体育教学,丰富师生的体育文化活动,1927年东吴大学首任华人校长杨永清积极筹措资金,兴建新体育馆。体育馆工程动工后,因资金短缺曾一度停工。杨永清倡导师生同心协力建设母校,并题写了"人人尽力,个个有分"的募捐题词。当时在东吴大学读书的顾昌德、刘建康、蒋纬国等人非常踊跃地参与其中。经过学校的努力,苏、沪两地不少民众对东吴大学的新发展深表关切,纷纷慷慨解囊,如苏州苏纶纱厂厂长严裕棠先生捐款3 000元,上海实业巨子沈长庚先生捐款1 000元,上海周新德堂主人捐款2 000元,等等。根据东吴大学体育馆建设捐赠办法,学校为了对6位捐赠最多者表示感谢,决定以他们的名字命名体育馆的6个门,这6个门分别被命名为"新德门""冶诚门""长赓门""迈尔门""昌淦门""裕棠门"。

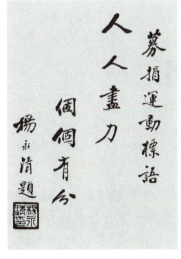

校长杨永清的募捐题词

《老少年》刊登的体育馆募捐启事

1937年4月24日，学校举办了隆重的新体育馆落成典礼，体育馆被命名为"司马德体育馆"，特别来宾有中央国术馆张之江、全国体育协进会总干事沈嗣良等。杨永清亲自主持落成典礼，并题写"体育十诫"，对东吴大学的体育精神进行了阐发："一、练习有恒诫作辍无常；二、忠实求进诫嬉戏敷衍；三、严守纪律诫取巧作弊；四、尊重品谊诫非礼加入；五、临场精细诫疏漏玩忽；六、遇敌慎重诫过分自信；七、获胜益励诫矜夸自满；八、遇败愈振诫轻燥颓唐；九、团结合作诫散漫推诿；十、敦崇友谊诫徒较胜负。"即使在今天，杨永清所提出的"体育十诫"仍不失为体育精神的真谛，对我们具有极大的启发。

（二）司马德游泳池

游泳池的建造要早于体育馆，于1929年建成，是当时最先进的游泳池。为纪念司马德对东吴体育的贡献，该游泳池被命名为"司马德游泳池"。

1935年9月，建成后的司马德游泳池迎来了最高规格的比赛——江苏省全国运动会选拔赛的游泳比赛在东吴大学举行，各路选手大显身手，创造了令人满意的成绩。不久后又在司马德游泳池举行了江西省游泳队和东吴大学游泳队的游泳对抗赛，所得款项用于赈灾，再次体现了东吴体育精神。

司马德体育馆

司马德游泳池

第二节

创建东吴大学体育系

一、创建过程

20世纪20年代，在"壬戌学制"的影响下，中国的体育人才培养掀起了新一轮的高潮。在此背景下，1924年秋，东吴大学与中华基督教教育青年会全国协会合作创办了体育专修科，并由许民辉任科主任。1930年，许民辉离开东吴大学后，由加拿大归国华侨赵占元负责体育专修科的工作，后又由王守方任科主任。

1926年，东吴大学有了首批体育专业毕业生，此外还培养了一些短期体育专业进修人员，以满足各地青年会系统对体育专业人才的需求。然而，在教会系统的学校里，体育教师仍然紧缺，所以从1926年起，原合办的体育专修科改由东吴大学独办，并于同年在两年制体育专科的基础上增设了四年制体育本科。

东吴大学体育科的学生一般分为三种类型：一种是二年制的体育专科生，期满毕业，给予证书；另一种是四年制的体育本科生，毕业时授予体育学士学位；还有一种是其他文理学院的本科生，他们选择体育课程作为主修，而把本学院的课程作为副修，这些学生在四年期满毕业时，既可被授予文学士或理学士学位，也可被授予体育学士学位。

东吴大学体育专业的课程设置分术科和学科两种。术科课程有基本体操（包括队形队列）、体操、群众性游戏项目、田径和各种球类运动项目的技术训练，以及充任教练和裁判方面的训练、培养。学科课程有体育设备与建筑、场地规划与测量、解剖学、生理学、公共卫生、扎营与急救、疾病预防、野营、中文、外语等。

东吴大学体育专业学生的入学考试标准较为严格，除报考二年制体育专科的要求略低外，凡报考四年制体育本科和选体育为主修的文理学院学生，均与所有文理生的招生要求相同。

二、几度沉浮

东吴大学体育专修科自1924年创办后，大约到1927年，便停止了体育专业的招生。在此期间东吴大学体育专修科共招收了百余名学生，其中有30名是体育专业专科生和本科生，有70名是选体育为主修或参与短期进修的学生。这些学生分别来自中国的上海、苏州、杭州、南京、汉口、成都、北京、天津、开封、福州和日本的神户等地。1926年夏，首届体育专科生5人毕业，他们被分别聘任到上海、南京、北京和开封的青年会工作，1人在圣约翰大学就职。此后，第二、第三届的专科毕业生也分别到京、津、沪、宁、豫、川等地担任体育教师或从事青年会的体育工作。1928年，第一批主修体育的文理学院本科生毕业，其中有3人被授予体育学士学位，他们是杨光庭、赵景纲和刘金奎。1930年，体育专修科的第一位四年制体育本科生王守方毕业，被授予体育学士学位。1934年，在第五届全国运动会期间，东吴大学体育科同门会成立，俞杰、李友珍、王守方、张守义、钱一勒为委员，由俞杰担任主席，聘请杨永清、许民辉、黄仁霖、郝更生、赵占元为顾问。

抗战期间，东吴大学在流亡中坚持办学，体育教育也在动荡的时局中艰难维持。从1940年开始，东吴大学着手对原有的院系进行调整，"鉴于社会体育人才需要之迫切，即有恢复体育系及体育专科之议"，"计划开办体育系，和金陵大学上海部合作重新开办体育系"。1940年夏，筹备就绪，并"呈准教部自下学期起，先行恢复体育专修科，一切课程悉遵部定标准办理"。7月间"登报招生，其入学考试则与该校文理、法二学院，同于七月三日及四日在慈淑大楼举行，凡高中毕业而有志研究体育者，均得报名应考"。

1941年12月7日，太平洋战争爆发，日军占领上海公共租界，国民政府明确表示反对任何学校继续在上海开办。在此情况下，1942年1月8日，东吴大学校董事会一致通过"停办学校案"。议案称："鉴于下学期继续办学所必然遭遇之严重经济困难，本校应于本学期结束时（即一月十五日）起即行停办。"这使得东吴大学与金陵女子学院合办的体育专修科，在招收了一届体育专业学生后（未录取学生）停办了。

抗战胜利后，东吴大学积极开展复校工作，体育馆、游泳池等体育设施相继得到修缮，体育教学活动也逐渐恢复正常。"男生体育由王守方指导，女生体育由吴慧仙女士指导，奔跑跳跃及一切球类运动，在逐渐恢复中"。1947年，学校还成立了"暴风体育会"，由俞贤达负责，王守方任导师。

三、校友名人

（一）许民辉

许民辉（1890—1961），广东开平人，中国近代著名体育家，足球、排球运动的开拓者，东吴大学体育专修科第一任科主任。许民辉出生于广州市海珠区，童年入私塾，后进南武学堂。他酷爱体育活动，擅长田径、足球，为南武学堂两次夺取省运会团体冠军立下汗马功劳。1910年被选为华南区田径选手，参加第一届全国运动会的220码跑和一英里接力跑，崭露头角。1913年入选国家队，以田径和足球运动员身份参加在菲律宾马尼拉举行的第一届远东运动会，并获440码跑第三名、一英里接力跑第二名；同时参加足球赛和排球表演，成为我国足球界和排球界的元老。

在美国春田学院时
许民辉（左）和董守义（右）等的合影

远东运动会后，许民辉先在广州市基督教青年会工作，协助美国人钟氏开展体育活动，为钟氏所赏识，后被保送进上海基督教青年会主办的体育干事训练班（后改为中华基督教青年会体育专门学校），毕业后回广州基督教青年会任体育干事，同时兼任广东高等师范学校（中山大学前身）体育专修班球类、体操课程教师。后赴美留学，先后获得美国芝加哥青年会大学体育学士学位、春田学院体育硕士学位。

回国后,许民辉历任东吴大学体育专修科主任,北平师范大学、清华大学和东南大学体育系教授。1933年,任广东省教育厅体育督学,创办广东体育专科学校,并任校长。1936年柏林奥运会时,他作为中国体育考察团成员前往参观学习,并考察了丹麦、奥地利、匈牙利、意大利等国的体育发展情况。1944年赴重庆,任教育部国民体育委员会专任委员,兼教育部体育行政人员讲习所教导主任。1948年,以中国游泳队教练的身份赴伦敦参加了第十四届奥运会。1954年后,曾连续当选为第一、二、三届全国人民代表大会代表。

(二) 郝更生

郝更生(1899—1976),江苏淮安人,中国近代著名体育学者,曾任东吴大学体育系教授。1925年毕业于美国春田学院,获体育学士学位。回国后先后在东吴大学和清华大学任体育系教授。1929年后,曾任东北大学体育专修科主任和山东大学体育部主任等职。1933年被教育部聘为首任负责体育的督学,还曾任教育部国民体育委员会常委、中华全国体育协进会总干事、中华体育学会主席等职。郝更生曾是洛杉矶第十届奥运会中国代表团领队,柏林第十一届奥运会中国政府代表兼体育考察团总领队,伦敦第十四届奥运会

1922年留学美国春田学院的郝更生(右)和英国同学英格曼

中国代表团顾问兼总教练。他主持和参与制定了许多重要体育法规,促进了近代中国体育发展,特别是为学校体育的规范化、科学化开辟了先河。

郝更生是中国留美学生中最早专攻体育的。他的夫人高梓也是中国近代体育史上的著名人物,曾就读于美国的威斯康星大学,回国后任国立青岛大学体育教授。郝更生与著名文学家徐志摩、建筑学家梁思成、音乐家杜庭修等人均为至交好友。在学术方面,郝更生在北平曾主编过《体育》杂志(1927年5月创刊),并著有《体育与人生》(1925年上海青年会出版)、《中国体育概论(英文版)》(1926年商务印书馆出版)等专著。

(三) 王守方

王守方,东吴大学体育专修科第一届本科毕业生,曾留校工作并任东吴大学体育科主任。1936年,他自费参加了柏林奥运会,并在奥运会上表演了中国传统体育项目扯铃。1949年后长期在台北师范大学任教。作为篮球国际裁判,王守方曾在1958年东京亚运会上执裁。退休后移居美国,1984年在美国去世。

王守方在柏林奥运会上表演扯铃

彭文馀 1947 年 11 月出版的《新篮球裁判法》

（四）彭文馀

彭文馀，生卒年不详，东吴大学体育专修科 1928 届专科毕业。1936 年柏林奥运会期间，他是中国赴欧洲体育考察团的 26 位代表之一，著有《新篮球裁判法》一书。

第三节
闪耀的东吴体育之星

一、远东运动会上的东吴国手

远东运动会，原名"远东奥林匹克运动会"，是亚洲地区最早的国际体育比赛活动。远东运动会最初是由菲律宾发起、中国和日本两国响应而共同组织起来的。之所以由菲律宾发起，是因为早在远东运动会产生之前，菲律宾首都马尼拉就有了每年一次的名为"嘉年华会"的节日活动，其中包括体育比赛，而中国和日本两国也都曾派运动员参加。如清宣统三年（1911），中国曾派田径和足球运动员参加"嘉年华会"的体育比赛，日本也曾派网球选手和早稻田大学的棒球队出席。正是有了这样的基础，主管菲律宾体育工作的基督教青年会人士才有意在此基础上仿照奥林匹克运动会的形式，在远东组织一个固定的地区性国际体育比赛活动。1911 年 9 月，菲律宾体育协会会长、基督教青年会体育干事布朗访问中、日两国，并联合日本青年会干事克农和中国广州青年会干事图斯里，提出了共同发起组织远东体育协会的构想。这一倡议得到了中国"全国学校区分队第一次体育同盟会"和日本体育界的支持，于是远东业余运动协会（简称"远东体协"）正式成立。

该协会决定每两年轮流在各成员国的大城市举行一次远东运动会（1927 年后改为每三年举行一次，1930 年后又改为每四年举行一次），从 1913 年远东运动会起，到 1934 年远东运动会止，共举办了 10 届远东运动会。其中 1915 年的第二届、1921 年的第五届、1927 年的第八届，都是在中国上海举行的。远东运动会的前 8 届都是由中、日、菲三国选手进行比赛。从第九届起，印度派了 4 名运动员参加表演。第十届又吸收了印度尼西亚和越南参加。远东业余运动协会于 1920 年被国际奥委会正式承认，成为世界上第一个与国际奥委会建立关系的区域性国际体育组织。

东吴大学曾先后有 8 人代表中国参加第二、三、五、六、七、八届远东运动会的体育比赛，他们分别是张信孚、卢颂恩、梁官松、胡维岳、刘崇恩、李骏耀、陈作新、侯成之。在第四届远东运动会上，许民辉担任中国排球队领队，1928 届毕业生刘雪松担任远东运动会中国干事。

（一）张信孚

张信孚，第二届远东运动会田径国手。1915 年，第二届远东运动会在上海举行，张信孚以东吴大学学生身份入选中国田径队，参加了 120 码高栏比赛，并取得了第二名的成绩。1917 年，他又一次代表中国参加在日本东京举行的第三届远东运动会，在这次运动会上，他同样取得了 120 码高栏第二名的成绩。不过，他这次是以南洋大学学生的身份入选国家队的。毕业后，张信孚在东南大学就职。1932 年 10 月，教育部体育委员会正式成立，张信孚成为其中的 18 位委员之一。1933 年 10 月，张信孚担任第五届全国运动会的大会总干事。

（二）卢颂恩

卢颂恩，第二届远东运动会田径国手。1915 年 5 月，东吴大学学生卢颂恩代表中国参加了在上海举行的第二届远东运动会，他参加的项目是田径的五项全能，获得第二名。毕业后卢颂恩在东南大学供职。1918 年 6 月，他被选派赴美留学。

（三）梁官松

梁官松，第五届、第六届远东运动会田径国手。1921 年 5 月，第五届远东运动会在上海举行，东吴大学学生梁官松入选中国田径队，参加了 800 米和 1 500 米的比赛，未能取得名次（当时规则是取前三名）。在 1923 年的第六届日本大阪远东运动会上，梁官松继续代表中国参加比赛，也未能取得名次。

梁官松不仅是一名田径国手，而且也是一名著名的足球运动员，他曾是上海某顶级球队的中锋之一，与李惠堂同队踢球。后任教于国立暨南大学，带出了一支蜚声国内外的足球劲旅——暨南大学足球队。暨南大学足球队在江南八大学足球锦标赛中获得的冠军数居多。1929 年，暨南大学足球队曾多次远赴东南亚各国访问比赛，均载誉而归，而当时的足球队教练便是梁官松。1927 年 12 月 4 日，上海中等学校体育联合会成立，梁官松曾被聘为副会长。

（四）胡维岳

胡维岳，第五届、第六届远东运动会田径国手。1921 年 5 月，胡维岳以东吴大学学生身份代表中国参加了在上海举办的第五届远东运动会。胡维岳参加的是跨栏比赛，未能取得名次。在 1923 年的第六届远东运动会（日本大阪）

上，胡维岳继续代表中国参加了比赛，也未能取得名次。胡维岳在 1924 年的武昌全运会上获得 110 米高栏第三名。

（五）刘崇恩

刘崇恩，第五届远东运动会田径国手。1921 年 5 月，东吴大学学生刘崇恩入选中国田径队，参加了在上海举行的第五届远东运动会。刘崇恩参加的比赛项目是跳远，未能取得名次。

（六）李骏耀

《申报》上的李骏耀

李骏耀，第六届远东运动会田径国手。1923 年 5 月，东吴大学学生李骏耀和梁官松、胡维岳一起被选为参加第六届远东运动会的中国田径队队员。在远东运动会上，他参加的是跨栏比赛，但未能取得名次。李骏耀是当时东吴大学发展较为全面的田径运动员。1922 年 5 月 13 日，在南京金陵大学举行的华东八大学田径运动会上，东吴大学田径队共得 42 分，获团体冠军，李骏耀以 15 分获得这届运动会的个人总分第一名。后来他曾在 1924 年的武昌全运会上夺得 110 米高栏冠军，成绩是 17 秒 6。

（七）陈作新

陈作新，第七届远东运动会田径国手。1925 年 5 月，第七届远东运动会在菲律宾马尼拉举行，东吴大学学生陈作新被选为国家田径队队员，参加了运动会的铁饼比赛，未能取得名次。

（八）侯成之

侯成之，第八届远东运动会田径国手。1927 年 8 月，中国上海承办第八届远东运动会。在这届运动会上，东吴大学学生侯成之代表中国参加了田径全能项目的比赛，未能取得名次。

二、奥运国手程金冠

程金冠（1912—2000），祖籍安徽，1912 年 1 月出生于上海，东吴大学经济系学生。当初他从复旦大学转到东吴大学，就是因为慕名东吴大学田径队。

在英国人开办的麦伦书院读书时，程金冠就在田径上表现出惊人的才华。麦伦书院每年都要召开学校运动会，在一次不分年龄组的比赛中，他居然超越高年级的同学，获得了有生以来的第一枚金牌，并得到一架"白朗尼"牌相机。从

程金冠成为《勤奋体育月报》的封面人物

这开始，程金冠与体育结下了不解之缘。

1930年，在杭州举办的第四届全国运动会上，程金冠初露锋芒，获得200米低栏亚军。同年他作为国家队队员参加了在日本东京举行的第九届远东运动会。1934年5月，程金冠又代表中国参加了在马尼拉举行的第十届远东运动会。特别是同年的10月4日，程金冠在与上海俄国侨民队的100米比赛中，以10.6秒的成绩使国人为之沸腾。这一成绩打破了刘长春保持的10.7秒的全国100米跑纪录。从此，中国体育界的"南程北刘"之说传遍了海内外。

1936年，程金冠作为中国奥运代表团的一员参加了柏林奥运会。他先后参加了100米和4×100米接力两个项目的比赛，均未能出线。

素有"短跑怪杰"之称的程金冠虽然未能在奥运会上取得好成绩，但其优异的表现仍获得了外国友人的关注。据说当程金冠的比赛一结束，美国黑人运动员欧文斯就迎上前去，笑着伸出手来和程金冠握手并合影留念。

1936年柏林奥运会上程金冠和欧文斯在一起

中华人民共和国成立后，程金冠来到苏州铁道中学从事体育教学工作，兼任中华全国体育总会江苏分会委员、苏州市田径协会副主席。1994年，82岁的程金冠先生应邀前往台湾地区，拜访了78岁的老同学蒋纬国先生，以及国际奥委会委员吴经国先生和其他亲朋好友。2000年5月1日，程金冠先生在苏州与世长辞。

第二章

师院音符（1952—1976）

中华人民共和国成立后，1952年进行了全国高等教育的院系调整工作。在此背景下，东吴大学、江南大学和苏南文化教育学院合并成立苏南师范学院。同年10月22日，正式成立江苏师范学院，在原东吴大学校址办学，从此奏响了江苏师范学院的体育音符。

第一节

新中国江苏体育干部的摇篮

一、创办一年制体育专修班

中华人民共和国成立后，百废待兴。由于急需中学体育师资，1952年，江苏省政府在苏南九个县市选拔部分学科新生，首先在江苏师范学院体育系创办

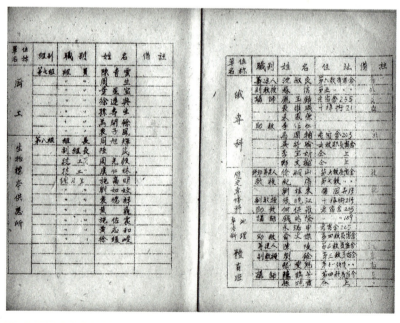

左为苏南师范学院部分教职员工干部名册，右为体育班教职员工名单（朱丕仁提供）

了一年制体育专修班,以培养体育师资。在实行供给制的条件下,当时的体育专修班学员均为带薪学习,其生源主要为高中学历的在职小学教师,也有少量的应届师范毕业生。当时的江苏师范学院一共只有5位体育教师,他们是:负责人陈陵,副教授刘铨、嵇燮魁,讲师陈鹤芳、孙晓霞。后又增加1人,为袁贤群老师。他们不仅要承担体育专修班的专业教学任务,同时还兼顾全校公共体育课的教学。为解决师资力量严重不足的问题,学院领导还专门到成立不久的华东体育学院(现上海体育大学)聘请两位老师来校为体育专修班学员讲授体育理论和运动生理学课程。

体育专修班共有学员14人,其中男生10人,女生4人。他们是:范绍陵、吴国安、雷震俗(女)、沈筱蝶(女)、倪国琦、蒋正元、张致杰、顾琪(女)、庄志勤、沈敬芳、程赦铭、陈重文、吴荣舞、郑福英(女)。

江苏师范学院体育专修班第一届毕业生合影
中排为教职工,自左至右分别为嵇燮魁、袁贤群、刘铨、陈陵、陈鹤芳、孙晓霞

1953年江苏师院首届体育班师生合影
前排右二为孙晓霞,右三为陈鹤芳,右五为袁贤群

为完成学习与训练任务，同时也为了更好地锻炼学员的体育能力，体育专修班曾组织篮球、足球、田径、体操等业余运动训练队，他们除了经常在校园内组织各种比赛和表演活动外，还多次参加苏州市举办的有关比赛。

1952 级体育专修班学员在司马德体育馆前表演叠罗汉

二、创办两年制体育专修科

1953 年，在一年制体育专修班的基础上，江苏师范学院正式创办了两年制体育专修科。专修科的生源与一年制体育班的生源不同，其招生范围不局限于原来的苏南行政区，而是扩大到整个江苏省，甚至还有来自安徽、浙江两省的学生。学生入学主要采用由教育行政部门和体育行政部门推荐保送的方式，共招收 1953 级学生 46 人，这些学生中大部分是江苏各市县教育部门推荐的保送生，其中有二十多人原来是小学老师，有十多人是各师范学校的应届毕业生，还有十多人是安徽和浙江两省的委培保送生。

1953 级体育专修科部分田径队员合影
前排左起为吴林初、胡天兴、陈纪文；后排左起为王有之、杜昌明、樊焕蔚、李松章、范德泓

由于生源来自江苏本省及部分外省，在年龄层次、体育基础、生活习惯上有较大差异，而且入学前没有经过体育专业加试，为了解和掌握学生的体育基础情况，8月份新生入学后，体育系曾专门组织了一次包括100米跑、推铅球、引体向上和篮球基本技术的入学测试，以便进行更有针对性的教学。

1953年创办的江苏师范学院体育专修科是当时江苏省内唯一的体育专业系科，因此受到学院领导和江苏省各相关部门的高度重视。当时的江苏省体委秘书长沈战堤同志曾多次到体育系检查、视察工作，与师生员工座谈，甚至亲自为体育系学生授课。学院院长杨巩同志更是经常深入到教室、操场了解情况并与学生座谈。学院教务处处长张焕庭教授也常到体育系听课、看课，指导教学训练工作。

三、成立"江苏体干班"

"江苏体干班"的全称为"江苏省体育干部训练班"，它是1953年江苏师范学院在创建二年制体育专修科时成立的。鉴于当时体育干部严重缺乏，不能适应江苏体育事业日益发展的需要，江苏省体育运动委员会（现江苏省体育局）于1953年决定创办江苏省体育干部训练班，经中共江苏省委宣传部副部长陶白与江苏省教育厅及江苏师范学院商议，在得到江苏省教育厅吴贻芳厅长和江苏师范学院吴天石院长的支持后，决定将江苏体干班暂设在江苏师范学院内。

1953级江苏体干班学员毕业40周年回校留影

江苏体干班于1953年11月15日开始接收学员，11月30日在江苏师范学院内举行了开学典礼，班主任是成希春，辅导员是茅鹏，由江苏省体委秘书长沈战堤总负责。江苏体干班于1955年8月结束在苏州的培训后迁址南京，这是江苏省体委第一所正规培训体育干部的机构组织。

江苏体干班的任务是贯彻"发展体育运动，增强人民体质"的方针，为江苏省体育运动的普及和提高培养各类体育人才。根据社会的需要，本着从实践出发和学用一致的原则，江苏体干班采取灵活多样的办学方式，根据"学习苏联，面向实际，掌握重点，循序渐进"的教育方针，制定了教学计划和教学大纲。

与江苏体干班同时成立的还有江苏省篮球队，也设在江苏师范学院内。江苏省篮球队以培养优秀运动员和体育干部为目标，学制为两年。总教练为储雄堡（同时兼任男队教练）（表2-1）。

表2-1 1953年江苏省篮球队成员统计表

教练	男队	储雄堡、李方膺
	女队	詹道志、沈鹏举、朱锦云
队员	男队	陈恒豫、姜鼎燮、陈杏生、葛贵华、虞祺、施耀先、李洪伦、权泰禧、李春祥、贺梅初、刘炳泉、尹永彦、周志强
	女队	魏文英、许玉如、沈昭秀、张秀芝、徐宁家、鲁燕、陈敖、毛阿宝、徐俊、梁月芬、薛菉芷、钱君琪、何国香、陈懰雄、路蕴秀、徐应立、柏法溪

1953年成立的江苏省篮球队是江苏省第一支优秀运动队，队员分别来自教师、职工和学生中的篮球爱好者。1954年，男女篮球队又各增加了4名队员。1955年，一批部队教练员和运动员转到地方，篮球队陆续吸收了他们中的一些人员，充实了队伍。1955年8月，江苏省篮球队随江苏体干班从苏州搬迁至南京老菜市训练基地。

1953年江苏省篮球队参加华东区篮排球比赛留影
后排左一为储雄堡，前排右三为魏文英

1958年上海第二师范学院、浙江师范学院、江苏师范学院男女篮球队合影

四、发展初期的师院体育系

随着国家"一五"计划的实施和教育事业的迅速发展，体育系的办学规模与学生来源不断扩大，招生范围由原来的苏南地区扩大到了全省、全国。

1954年，体育系共招收学员47人，生源全部是江苏本省的师范生。从1955年开始，体育系面向全国招生。1956年开始招收委培生。受"大跃进"的影响，体育系在1957年招生后，1958—1959年停止招生。1958年9月，南京体育学院成立，根据江苏省政府要求，江苏师范学院1957级体育系学生和部分任课教师并入了南京体育学院。

1960年，江苏师范学院体育系又招收了一届体育专科生，共44人，后又停止招生，直到"文革"发生。

从1952年到1960年，江苏师范学院体育系共招收7届学生，培养体育干部和体育教师309人（表2-2）。

表2-2 1952—1960年江苏师范学院体育系招生情况统计表

年份	男生/人	女生/人	总数/人
1952年	10	4	14
1953年	42	4	46
1954年	40	7	47
1955年	34	11	45

续表

年份	男生/人	女生/人	总数/人
1956年	33	15	48
1957年	52	13	65
1960年	30	14	44
合计	241	68	309

与东吴大学时期相比，这一时期体育系的师资力量是东吴大学时期的5倍，培养的学生人数则是东吴大学时期的10倍多。从课程设置来看，这一时期体育系的课程也比东吴大学时期丰富。例如，这一时期的学科课程有生理学、心理学、解剖学、教育学、历史学、政治学和体育理论，术科课程有田径、球类、体操、武术、舞蹈和游泳等项目。但是，当时中国高校的教学体系均以苏联的教学体系为蓝本，而苏联的体育专业教育偏重于竞技教学，比较强调运动成绩，对一些传统的民族体育不太重视，相关学科理论教学时数也较少，这种倾向在江苏师范学院体育系的教学中也有不同程度的体现。

五、实施"劳卫制"和召开全校体育运动大会

江苏师范学院十分重视学生体育活动。1954年国家体委颁布准备劳动与卫国体育制度，简称"劳卫制"。江苏省高教局规定江苏师范学院是重点试行劳卫制的单位。为此，学校成立了劳卫制推行委员会，建立了大学生体育协会，以加强对学生课外活动的组织和领导。学校每年都要召开一次全校体育大会，以激励学生积极开展课余体育锻炼。1958年，江苏师范学院学生全部达到劳卫制等级标准，学院因此获得了上级部门授予的"体育运动红旗院"称号。

江苏师范学院院系领导在首届体育大会主席台

江苏师范学院学生大会操

第二节
"文革"时期的工农兵大学生

1966年"文革"一开始,全国高考制度即被取消。直到1970年,大学才重新开始招生。根据当时的社会形势,遵照毛泽东主席关于"要从有实践经验的工人农民中间选拔学生"的指示,大学的招生对象为有两至三年实践经验的工农兵、干部,以及下乡、回乡知识青年,采取推荐与选拔相结合的办法招生,这就是特殊时代背景下"工农兵大学生"的来源。

在这样的社会大背景下,江苏师范学院体育系于1972年开始招收工农兵大学生,学制为两年。学员们除学习体育专业知识以外,还要学军、学农,参加各项社会活动。

江苏师范学院体育系首届工农兵大学生(1972级)的学军活动

江苏师范学院体育系首届工农兵大学生(1972级)参加歌咏比赛

从 1972 年开始恢复招生，到 1977 年恢复高考前，江苏师范学院体育系共招收了 5 届工农兵大学生，毕业学员 376 人（表 2-3）。

表 2-3　1972—1976 年江苏师范学院体育系招收工农兵大学生人数统计表

年级	男生/人	女生/人	总数/人
1972 级	43	16	59
1973 级	54	25	79
1974 级	53	24	77
1975 级	46	14	60
1976 级	73	28	101
合计	269	107	376

第三节　记忆中的师院体育人

一、部分毕业生情况统计

江苏师范学院时期体育系培养的部分毕业生情况如表 2-4 所示。

表 2-4　江苏师范学院时期体育系部分毕业生情况统计表

年级	姓名	性别	工作单位	曾任职务（职称）
1952 级	陈重文	男	江苏体工队体操队	国家级教练
1952 级	范绍陵	男	张家港市体育局	局长
1953 级	范德泓	男	南京师范大学体育系	主任、教授
1953 级	陈荣岭	男	南京师范大学体育系	主任、教授
1954 级	顾德明	男	南京体育学院	教授
1954 级	刘培俊	男	同济大学体育部	主任、教授
1955 级	吴仕益	男	香港大生贸易公司	经理
1955 级	吴明观	男	中国科技大学体育部	主任、副教授
1955 级	胡永齐	女	北京市体育运动技术学院	全国优秀运动队先进文化教师
1956 级	杜剑明	男	昆山市兵希中学	高级教师
1957 级	浦民欣	男	南京体育学院体育系	主任、教授
1957 级	李婉芳	女	南京体育学院体育系	书记、教授
1957 级	孙勇	男	南京师范大学体育系	副主任、教授

续表

年级	姓名	性别	工作单位	曾任职务（职称）
1957级	虞昌钰	男	江苏省体育局	处长
1960级	周华祥	男	江苏省奔牛高级中学	高级教师
1972级	陆瑞泉	男	南通瑞畅国贸公司	董事长
1972级	丁晓兵	男	江苏农林职业技术学院	科长
1972级	司马玉良	男	丹阳市体育局	体育馆馆长
1972级	董伯荣	男	常州刘国钧职教中心	副校长
1973级	钱贵江	男	苏州大学人武部、学生处	部长、处长
1973级	徐鹏	男	江苏省委党校	教务处长
1973级	孙正川	男	无锡市滨湖区人大	人大常委会主任
1973级	王长赓	男	江苏省体育局社会体育管理中心	副主任
1973级	张军	男	江苏省铁路集团有限公司	经理
1973级	王警非	女	南通市体育局	副局长
1973级	马虹	女	南通市外事局	副局长
1973级	陈爱华	女	盐城市教育局	副局长
1973级	于荣生	男	金坛市工商行政管理局	副局长
1973级	潘家珍	女	常州市武进区少体校	全国优秀教师
1973级	傅明健	男	灌云县教育局	党委书记
1973级	李天白	男	盐城师范学院体育学院	副院长
1974级	丁林	男	苏州大学医学院	副院长
1974级	兰国伟	男	淮安市体育局	副局长
1974级	赵俊庆	男	徐州市体育局	副局长
1974级	周晓光	男	南京市体育局	副巡视员
1975级	蔡振秋	男	苏州大学城市学院	院长
1975级	徐洪元	男	苏州市相城中学	校长
1975级	陆军	男	江苏省栟茶高级中学	副校长
1976级	刘志民	男	上海体育学院外事处	主任、教授
1976级	唐健	男	淮阴师范学院体育系	主任、教授
1976级	杨洪辉	男	淮阴师范学院体育系	副书记（主持工作）
1976级	蔡钢	男	张家港市体育局	副局长
1976级	蒋荣	男	盐城师范学院体育部	副主任、教授
1976级	苏孟英	男	常州市武进区少体校	校长、高级教师

续表

年级	姓名	性别	工作单位	曾任职务（职称）
1976级	李 正	男	南京医科大学	主任
1976级	李凯宪	男	南京林业大学	主任
1976级	王涌涛	男	南京药科大学	主任
1976级	汤云南	男	无锡市锡山区少体校	校长

二、培养的各类运动会冠军和运动健将

江苏师范学院体育系在完成教学任务的同时还培养了一大批运动成绩优秀的运动员，他们在江苏省的各类比赛中取得了较好的成绩，很多人获得江苏省运动会冠军，有的还打破纪录、达到运动健将水平，这在当时是非常不容易的（表2-5）。

表2-5　江苏师范学院培养的各类运动会冠军与运动健将统计表

年 份	各类运动会冠军	运动健将（含破纪录）
1956年	刘秉果获得江苏省第一届大学生运动会男子体操全能冠军；吴本浩获得江苏省第一届大学生运动会体操比赛吊环冠军	—
1957年	—	王可保、张文辉、卢章伦、唐荷生组成的4×100米接力队在1957年平江苏省最好成绩
1958年	黄文宣分别获得第二、第三届江苏省运动会撑竿跳冠军	1. 卢章伦以1 999分打破1 740分江苏省七项全能纪录 2. 许丽珍以29.35米创女子铁饼纪录 3. 储望云以38.06米创手榴弹投掷纪录 4. 黄文宣以3.40米创男子撑竿跳纪录 5. 李光明以1 681分创男子五项全能纪录 6. 张发宝以16秒6创男子110米高栏纪录、以26秒创男子200米低栏纪录
1961年	—	黄文宣获得"运动健将"称号

三、曾在江苏师范学院体育系工作过的教授

（一）陈陵

陈陵，男，1908年生，湖南湘阴人。1931年毕业于南京中央大学体育系，曾先后在湖南第一师范学校、上海交通大学、武汉大学、浙江大学、江西中正大学、无锡江南大学等学校任助教、讲师、副教授、教授等职。1948年7月加入中国共

产党，1951 年 2 月参加革命工作，曾任无锡文教学院教授，1952—1956 年任江苏师范学院体育系主任、教授。从 1956 年起任江苏省体委副主任、江苏省体育总会副主席、南京体育学校校长、江苏省体工队训练科长等职。1979 年后任南京体育学院教务处处长、体育系主任，政协江苏省第五届常委等职。1994 年 2 月开始享受国务院政府特殊津贴，并获得国家教委颁发的"高校优秀教师"荣誉证书。1998 年因病于南京逝世，享年 90 岁。

（二）袁贤群

袁贤群，男，1912 年生，江苏武进人，中国民主促进会会员。前中央国术馆毕业，前中央陆军军官学校十三期毕业。抗战时期曾参加保卫南京战役和内蒙古五原战役。20 世纪 50 年代至 70 年代先后任教于江苏师范学院、南京体育学院。1958 年，被国家体委授予国家级体操运动裁判；1986 年被国家体委授予"中华人民共和国体育优秀裁判员"称号。多次担任体操、武术、武术散手、游泳、跳水等运动项目竞赛的裁判员、裁判组长、副总裁判、总裁判长、仲裁委员会主任。1983 年、1986 年曾先后担任江苏省高等院校高级职称任职资格评审委员会委员。1985 年被江苏省公安厅聘任为公安系统武装警察武术、武术散手比赛总裁判长，并曾担任苏州市公安局、常州市公安特警队、吴县公安局技术训练总教练。发表论文《对武术短兵的管见》《谈武术散手》等，合编教材《高等学校体育专业武术试用教材》。

（三）陈鹤芳

陈鹤芳，1913 年生，江苏无锡人。1951 年 8 月参加工作，是江苏师范学院体育系创建初期的元老之一，主要从事篮球和体育理论教学工作。1959 年至 1965 年，担任体育系副主任。1978 年至 1983 年，担任体育系主任。1978 年，发起成立了华东区高校体育院系协作组，这是一个以学术和工作交流为主要内容，以推动教学改革、提高办学水平和办学效益为宗旨的民间组织，至今仍发挥着重要作用。九三学社成员，曾任江苏省政协委员。1987 年退休，1994 年在苏州去世。

（四）茅鹏

茅鹏，男，1932 年生，江苏张家港人。历任共青团江苏省委、江苏省体委干事，江苏省体育干部培训班支部书记、代主任，南京体育学院党委委员、运动系负责人，江苏省体育科学研究所副所长，江苏省体育科学学会副理事长等职，先后在体操、篮球、田径、游泳、武术、击剑、举重等运动队担任领导职务。

著有《体育新论》《为何难圆足球梦》等著作；是中央电视台专题报道集《新中国体育运动 50 年》的撰稿人之一；发表论文《训练思路探索半世纪记》《与时俱进呼唤训练改革》《一元训练理论》《一元理论与训练实践》《为何铿锵不再？》等近百篇。

（五）王祖俊

王祖俊，男，1932 年生，江苏如皋人，硕士研究生导师。1950 年在苏南文理学院艺教系学习，1952 年被保送至上海体育学院学习，1955 年毕业后考入北京体育学院足球研究生班学习，1957 年回上海体育学院球类教研组工作，1961 年调至南京体育学院球类教研室，1976 年调入江苏师范学院。

1988 年进入国家教委工作，担任全国高等师范院校体育专业教材评审委员会委员，多次参加教学大纲、教材的编写和评审工作，主编教材《足球》，多次担任江苏省高级职称评审委员会委员，1993 年开始享受国务院政府特殊津贴。

（六）施惠彬

施惠彬，男，1933 年生，江苏海门人，中共党员。1956 年 7 月毕业于江苏师范学院体育专修科，后留校工作。1956 年至 1969 年在江苏师范学院体育教研室从事公共体育教学与训练工作。1972 年江苏师范学院复办体育专业（体育系）后至 1978 年，担任系行政负责人兼中共体育系总支委员。1982 年至 1987 年任苏州大学体育系副主任兼公共体育教研室主任。1987 年至 1993 年任体育系主任。1994 年 5 月退休。

在职期间还担任多项兼职。1972 年至 1975 年兼任江苏省高校体育苏州协作区（含苏州市、南通市、无锡市）分会主任。1976 年至 1993 年兼任苏州大学体育运动委员会副主任。从 1986 年起，连续三届担任江苏省高校教师职务任职资格评审组（体育学科）成员。

（七）叶永延

叶永延，男，1934 年生，江苏吴县人，中共党员，硕士研究生导师。毕业于南京师范大学生物系，后考取北京体育大学人体解剖学专业研究生，毕业后在南京师范大学生物系工作。先后在南京体育学院、苏州大学体育系工作，担任运动生物力学、人体解剖学、体育科研方法等课程的教学，曾任苏州大学体育系主任。历任中国体育科学学会理事、运动生物力学学会副理事长、江苏省体育学会副理事长等职。曾被评为中国体育科学学会先进工作者，1992 年开始享受国务院政府特殊津贴。

主编《人体运动力学》《运动生物力学》《体育科研方法》等教材，其中《运动生物力学》获国家教委优秀教材一等奖。发表学术论文90余篇，其中论文《影响起跳效果诸因素的生物力学研究》获江苏省科技进步奖。参与项目"磁性示教板及运动器械软件"获江苏省高教局颁发的电教成果三等奖。

1997年被曾宪梓教育基金会授予高校师范院校教师奖二等奖，2000年被中国体育科学学会授予突出贡献奖，2005年被中国体育科学学会运动生物力学分会授予健乐终身成就奖。

（八）郑亦华

郑亦华，女，1936年生，广东中山人，中共党员，硕士研究生导师。1959年北京体育学院人体解剖学专业研究生毕业，先后在北京体育学院、上海体育学院、南京体育学院、苏州大学体育系从事人体解剖学、生理卫生、运动生物力学、体育统计学和体育科研方法等多门课程的教学和科研工作。主编《人体运动力学》《人体解剖学》《体育科研方法》《磁性教学软件使用图谱》、参编《运动生物力学》《学校体育大辞典》等教材，其中《运动生物力学》获国家教委优秀教材一等奖。翻译《身体适应能力与运动成绩》《结构与机能解剖学》等9部专著。发表学术论文80余篇。

1979年起，她通过对不同对象、不同水平运动员的下肢形态进行不同指标的测量，与人体纵跳结合进行了更系统的形态学与生物力学的理论和实践研究，对人体各环节运动的作用和人体不同姿势对纵跳的影响进行了系统研究，并提出了跳跃运动员选材的指标。相关论文《影响起跳效果诸因素的生物力学研究》获江苏省科技进步奖。主持的跳跃动作的理论研究项目通过省级鉴定，该项目对纵跳的综合性研究在国内居于领先地位，有些方面已达国际水平。主持的"磁性示教板及运动器械软件"项目获江苏省电教成果三等奖。1993年开始享受国务院政府特殊津贴。

（九）程战铭

程战铭，男，1937年生，江苏武进人，中共党员，硕士研究生导师，排球国家（A）级裁判。1957年进入江苏师范学院体育系学习，1961年毕业后在南京体育学院工作，1976年调入江苏师范学院。历任江苏省排球协会裁判委员会副主席、江苏省大学生排球联合会副主席、苏州市排球协会副主席、全国高等师范院校体育专业教材编写委员会委员、江苏省高级职称评审委员会委员、苏州大学体育系主任等职。1996年10月，应邀到美国讲学。出版排球教材4本，编译《娱乐排

球》教材 1 本，发表论文 20 余篇。所负责的排球学科曾获得学校优秀教学一等奖和江苏省教学二等奖，曾获学校教学最高奖——利苏奖。1994 年开始享受国务院政府特殊津贴。退休后，仍担任苏州市排球协会副主席、网球协会副主席、气排球协会副主席，以及苏州大学教学督导员等职。

（十）詹永基

詹永基，男，1937 年生，浙江宁波人。1955 年毕业于扬州师范学校，1956 年在江苏省体干班担任教员，1958 年受江苏省体委委派到常熟体校工作，同年在苏州体育专科学校任教。1974 年 2 月调入江苏师范学院体育系任教，1991 年加入中国共产党，1995 年 7 月被评为教授，历任苏州大学体育系教研室主任、党支部书记。

从 1956 年开始从事田径教练工作，并担任裁判，1962 年被批准为国家一级裁判，1982 年被批准为国家级裁判。历任第二、第三届中国田径协会裁判委员会委员、裁判法研究组成员，江苏省田径协会裁判委员会副主任，苏州市田径协会副主席。1990 年担任亚运会田径主裁判，并多次担任全国田径大赛的总裁判长。曾应国家体委聘请，担任全国骨干裁判员高级研讨班的主讲。1990 年、1993 年被评为全国优秀裁判员。

历任江苏省体育科学学会田径专业组副组长、苏州市体育科学学会理事。主编、合编教材及专著近 10 种，并参加全国性教材的审稿工作。发表学术论文数十篇，多篇论文入选全国性学术报告会，科研成果得到国家、省和学校的奖励，曾获苏州市政府科技进步奖。1997 年因病去世，享年 60 岁。

（十一）张义盛

张义盛，男，1937 年生，硕士研究生导师。1962 年毕业于上海体育学院，1962 年至 1979 年在内蒙古田径队任教练，1979 年进入江苏师范学院体育系田径教研室工作，2002 年退休。在苏州大学任职期间曾获"江苏省成人教育优秀教师"称号，多次率队参加全国及省级比赛，培养的学生运动员曾先后获全国大运会冠军、全国大学生田径锦标赛冠军、省大运会冠军。

发表论文 18 篇，主编、参编田径教材 2 部，曾担任体育专科田径教材主审；多次参加江苏省及全国高校田径论文报告会，作大会报告并获优秀论文奖；1992—1993 年度荣获苏州市自然科学优秀科研论文二等奖。

（十二）张卿华

张卿华，男，1938年生，硕士研究生导师。1960年毕业于北京体育大学基础理论系生物专业。苏州大学原工业心理学研究所所长，江苏省政府重点学科（工业心理学）带头人，1992年开始享受国务院政府特殊津贴。曾任苏州创元集团华英人力资源开发有限公司常务副董事长、苏州华英教育培训中心董事长、苏州本土心理素质测评研究所董事长。

创编了一套新颖独特、科学客观、指标量化的HYRC心理素质测评系统，该系统包括"80-8神经类型量表法""一般认知能力测验量表法""汉字笔记测量与个性评定法""画树投射测验法"等10多种测评方法。完成"中国大学生大脑机能及神经类型研究""汽车驾驶员心理选材与训练研究"等9项省部级课题，在国内外学术刊物发表论文40余篇，其中有16篇论文在国际性学术会议上发表，出版专著1部。

主要成果：1项成果通过国家部委组织的专家鉴定，该项成果达到国际先进水平；1项成果通过江苏省科委组织的专家鉴定，该项成果达到国际领先水平。其学术成果获部委级科技进步奖二等奖1项、四等奖1项；获江苏省哲学社会科学优秀成果奖二等奖1项、三等奖1项；获江苏省教委教育科学优秀成果奖二等奖1项；获苏州市科技进步奖三等奖2项；获苏州市科协自然科学优秀论文奖特等奖1项、一等奖4项。

（十三）王文英

王文英，女，1939年生，硕士研究生导师。1965年毕业于北京体育大学基础理论系运动医学专业。苏州大学原应用心理学研究所所长，江苏省政府重点学科（应用心理学）带头人，1993年开始享受国务院政府特殊津贴。曾任苏州创元集团华英人力资源开发有限公司人事总监，苏州华英教育培训中心主任，苏州本土心理素质测评研究所所长。

与张卿华合作开发了HYRC心理素质测评系统；在全国性学术会议及省级以上刊物发表论文40余篇，其中有16篇论文在国际学术会议及国际刊物上发表；出版专著2部。

主要成果：1991年获国家体委科技进步奖二等奖1项；1986年获国家体委科技进步奖四等奖1项；1990年获江苏省教委教育科学优秀成果二等奖1项，1986年、1990年分获苏州市政府科技进步奖三等奖各1项；1994年获江苏省哲学社会科学优秀成果奖二等奖1项、三等奖1项，获苏州市哲学社会科学优秀成果奖二等奖1项；1995年获苏州市科协自然科学优秀论文奖特等奖1项；2006年获中国人才研究会超常教育专委会颁发的突出贡献奖。

（十四）李佑文

李佑文，男，1940年生，中共党员，硕士研究生导师。1964年毕业于北京体育学院运动保健专业，1973年3月调至江苏师范学院体育系工作，先后任基础理论教研室主任、运动人体科学系主任等职，1997年退休。任职期间先后兼任中国老教授协会体育科学专业委员会副主任委员、中国教育学会体育研究会理事、高等师范院校体育保健研究会副理事长兼秘书长、江苏省体育科学学会体质研究专业委员会副主任委员等职。退休后被北京中华研修学会聘为博士研修导师。

参与编写《体育保健学》《体质测量与评价》等高等师范院校教材，主编和参编《体育测量与评价》《学校体育大辞典》《中学百科全书体育卫生保健卷》《体育与健康》等教材，发表论文20余篇，并于1994年参加了在爱沙尼亚共和国塔尔图大学举办的第二届欧洲体育科学会议。

（十五）姜瑞珍

姜瑞珍，女，1941年生，田径国家级裁判。作为运动员时，曾受到周恩来、陈毅、贺龙等国家领导人的接见。1963年毕业于内蒙古体育学院，先后在内蒙古体育专科学校，苏州大学体育系田径教研室、公共体育部从事田径教学及业余训练工作。1991年获得江苏省优秀教学质量三等奖，同年获学校教学质量二等奖。1996年获得学校颁发的利苏奖，1998年获"江苏省普通高等学校优秀体育教师"称号。发表论文17篇，出版著作2部，并承担相关课题，参加国内、国际等各类论文报告会13次，其中7次作大会报告。1992—1993年度荣获苏州市自然科学优秀科研论文二等奖。所训练的运动员多次获得全国、江苏省大学生运动会冠军，并打破纪录。多次参加全国及省级各类体育比赛裁判工作，11次荣获体育道德风尚奖。

第三章

苏大交响（1977—1996）

"文革"结束后，国家决定恢复全国高考制度。1977年10月，国务院批转教育部《关于高等学校招生工作的意见》，根据江苏省及学校的统一部署，江苏师范学院体育系招收了"文革"后第一批通过高考入学的大学生，这届学生又称"七七级"。体育系按照学校《关于77级教学计划的意见》，制定了教学计划和教学大纲，逐步恢复开展教学秩序和教学工作。1982年6月，经国务院批准并发文，江苏师范学院改制为江苏省地方综合性大学，并改校名为"苏州大学"。随着学校的改制，体育系的规划、建设与发展也进入了一个崭新的阶段。

第一节 掀起改革大潮

一、改革招生制度与设立本科专业

1977年恢复高考后，江苏师范学院体育系开设了四年制体育教育本科专业。到1980年，又在本科专业的基础上设置了两年制专科。1981年、1982年取消专科，只保留本科。从1983年开始，本科又与专科并行设立，专科一直持续到1996年，之后体育系便不再设立体育专科（表3-1）。

从1977年开始到1996年，体育系共招收四年制本科学生1 458人，二年制专科学生1 081人，专升本学生651人，硕士研究生11人。为了培养江苏省普通高校体育师资，根据江苏省教委的文件〔苏教教（1994）102号〕批复，从1995年开始，体育系又设立了"高校体育教育"专业方向，初步形成了一个多层次、多规格、多渠道培养体育专业人才的局面。

这段时期，体育系培养了一大批优秀人才，有些成为各级政府和行政管理部门的领导干部，有些成为专家教授或各类学校的教学骨干，有些在国家经济建设的浪潮中自主创业并取得了突出的成就。如2007年，苏州大学第一位获得全国"三好学生"称号的体育系89级校友周志芳被任命为吴江市副市长；77级

校友郑银林曾任太仓市政协副主席；77级校友汪坤洁被评为全国体育传统项目学校优秀工作者，李小和被评为江苏省先进工作者。

表 3-1　1977—1996 年体育系本专科招生情况统计表

年　份	本科招生数/人	专科招生数/人	备　注
1977 年	62	—	未设专科
1978 年	102	—	未设专科
1979 年	81	—	未设专科
1980 年	—	39	本科停招
1981 年	60	—	专科停招
1982 年	63	—	专科停招
1983 年	33	48	—
1984 年	122	40	—
1985 年	41	58	—
1986 年	42	77	—
1987 年	40	58	—
1988 年	42	105	—
1989 年	39	105	—
1990 年	60	126	—
1991 年	60	90	—
1992 年	60	114	—
1993 年	60	109	—
1994 年	71	112	—
1995 年	210	—	专科停招
1996 年	210	—	专科停招
合　计	1 458	1 081	—

二、获得第一个硕士学位授予权

改革开放后，随着经济的快速发展和社会对高级人才需求的增加，体育系适时地改革教学制度。1985 年，根据多年的办学经验和管理经验，苏州大学体育系承办了第一届全国运动生理学高校教师助教进修班。同年，还首次在"人体解剖学""体育教学理论与方法"两个方向上招收了硕士研究生，并于 1993 年 12 月正式获得了教育部批准的运动生物力学（含运动解剖学）硕士点学位授予权（表 3-2）。这是苏州大学获得的第一个体育专业硕士学位授予权，也是苏州大学体育系人才培养的一个新起点。

表 3-2 1985—1996 年苏州大学体育系硕士研究生统计表

姓 名	性别	年级	专业	研究方向
王广虎	男	85 级	运动人体科学	生物力学
邓 兵	女	85 级	运动人体科学	生物力学
奚天明	男	85 级	运动人体科学	足球
郑 明	男	86 级	运动人体科学	足球
陈东良	男	86 级	运动人体科学	足球
丁 林	男	87 级	运动人体科学	篮球
曹 煦	男	94 级	运动人体科学	排球
陆阿明	男	94 级	运动人体科学	生物力学
顾季青	男	95 级	体育教育训练学	田径
朱国生	男	95 级	运动人体科学	生物力学
张秋霞	女	96 级	运动人体科学	生物力学

三、面向社会的函授教育

为了更好地配合地方政府对社会主义建设人才的需求，苏州大学体育系从 1988 年开始创办面向学校在职教师的专升本教育。1988—1996 年，共毕业函授学员 651 名。

四、教学改革

（一）改革教学大纲，开展群众体育工作

1986 年，为了开创新局面，适应教育要"面向现代化、面向世界、面向未来"的要求，江苏省教育委员会组织省内部分高校教师、学者开展体育教学大纲的编写工作，起草《江苏省普通高校体育教学大纲纲要（草案）》。体育系紧跟形势，成立了教学大纲编写小组，结合本校实际，初步制定了较为完善的体育教学大纲；并根据人才培养规格和教学内容、方法，制定了体育教学、科研管理评估细则，逐步建立高等学校教育评估制度。1988 年，又在原有大纲的基础上进一步修改和充实了大纲的主要目标，在教学目标上突出了培养学生掌握各种锻炼身体方法和系统培养学生从事科学锻炼的能力，该大纲获得了兄弟院校的一致好评。1989 年，公共体育课程被学校评为首批重点课程。1992 年，苏州大学被教育部授予"全国高校体育课程评估优秀学校"称号。1993 年，公共体育课程教学大纲被评为江苏省高校优秀体育教学大纲。1996 年，苏州大学被江苏省教委评为江苏省高校贯彻学校体育工作条例优秀学校。

公共体育部在学校的关心重视和体育学院的有力支持下，取得了很大的成绩，教学成果累累，群众性体育工作也开展得轰轰烈烈。在这一时期，苏州大学多次参加省级和市级的体育比赛，各项比赛成绩在江苏省高校中名列前茅，获得好评和奖励，曾多次获得"校长杯"和道德风尚奖，并多次获得"群众体育先进单位"荣誉称号（表3-3）。1994年，在江苏省第十三届运动会高校部田径比赛中，校田径队男子甲组获得团体总分第四名、女子甲组获得团体总分第七名的成绩。

表3-3 苏州大学公共体育工作获奖情况一览表（1992—1996）

序号	获奖名称	获奖者	获奖时间	颁奖单位
1	全国高校贯彻《学校体育工作条例》先进单位	苏州大学	1996年	国家教委
2	苏州市群众体育先进单位	苏州大学	1996年	苏州市体育局
3	江苏省高校贯彻《学校体育工作条例》先进单位	苏州大学	1996年	江苏省教委
4	苏州市"金冠杯"青少年长跑比赛大学生女子团体冠军	苏州大学	1996年	苏州市教委
5	苏州市"金冠杯"青少年长跑比赛大学生男子团体冠军	苏州大学	1996年	苏州市教委
6	苏州市第九届运动会大学生组团体总分第一名	苏州大学	1996年	苏州市教委
7	苏州市第九届运动会优秀组织奖	苏州大学	1996年	苏州市教委
8	江苏省群众体育先进单位	苏州大学	1994年	江苏省教委
9	江苏省第十三届运动会高校部田径比赛男子甲组团体总分第四名	校田径队	1994年	大会组委会
10	江苏省第十三届运动会高校部田径比赛女子甲组团体总分第七名	校田径队	1994年	大会组委会
11	江苏省高校体育教学大纲优秀奖	公共体育部	1993年	江苏省教委
12	全国高校体育课程评估优秀学校	苏州大学	1992年	国家教委
13	江苏省高校体育课程评估优秀学校	苏州大学	1992年	江苏省教委
14	苏州市群众体育先进单位	苏州大学	1992年	苏州市体育局

（二）深化教学改革，实行学分制教学管理制度

从1980年起，体育系紧跟形势，在稳步发展本科教育的基础上，恢复增招两年制体育专科生。在教学方面，制定出适应本专科的教学计划和教学大纲，充实了各课程的教学内容，并对考核的内容、形式和方法做了全面改革，如部分学科建立了试题库；并对本专科的课程设置、授课时数及学课与术课的比例等进行了改革。在教学安排上突出"低学时，高效率"的要求，压缩了必修课

的门类和时数,增加了选修课(包括训练课)的门类和时数,加强实践环节,培养学生的动手能力,如增加了实习周数等。同时,为扩大体育专业培养人才的口径,使学生具备兼任中学生理卫生课教学的能力,在原计划开设的专业基础课人体解剖学、人体生理学、体育保健学之外,增加了生理卫生教学法等内容。

体育系教师不仅积极参与全国高师体育教材的编写工作,还撰写了针对专科、函授教学的部分课程教材,使得教材建设也有了新进展。体育系重视对运动解剖、运动生理、篮球和田径等重点学科的建设,在经费、仪器设备等方面给予一定的保证。与此同时,还制定与完善了"专科升本科,本科转专科""任意选修课"等一系列新的措施和制度。实践证明,这些改革符合人才培养的实际,调动了广大师生教与学的积极性,提高了教学质量。

1994年,根据江苏省教委和学校教学委员会的指示,体育系开始实行学分制。在课程结构上改变传统模式,采用模块结构课程体系,设置普通教育课程、学科基础课程、专业教学课程、任意选修课程四大模块,较好地实现了"放宽专业口径,重视基础,加强应用,提高选修课比例,减少必修课门数"的指导思想,以使体育系学生毕业后更能适应经济建设和社会发展的需要。在学分设置上,体育教育本科专业(含高校体育教育方向):普通教育课程42学分;学科基础课程56学分;专业教学课程(含实习、毕业论文)38学分;任意选修课程32学分。学位课程包括心理学、教育学、人体解剖学、体育概论、人体生理学、篮球、体操、田径、排球、武术、足球、艺术体操、乒乓球、运动生物力学、体育保健学、学校体育学、体育测量与评价、运动技术专修。体育专科专业:普通教育课程14学分,学科基础课程43学分,专业教学课程(含实习)20学分,任意选修课程11学分。

(三)建立高等学校教育评估制度

建立高等学校教育评估制度,是加强对高等学校宏观指导和管理的重要手段。1986年,体育系根据人才培养规格和教学内容及方法,制定了体育教学、科研、管理评估细则,采用模糊数学综合评判方法,分别对专项理论课和技术课进行评估。评估的方法有自我评估、领导评估、对象评估、同行评估、系际评估等,同时采用深入实际调查了解、观察考勤、同行及对象填写意见表等形式进行评估,评估的内容包括检查教学进度、术科教案、学术论文、教学能力等。几年的试行证明,这种制度能够较为全面地对体育教学管理进行评价,并能较客观地反映出教学、科研、管理工作的效果,从而有效地提高教学质量。

五、科研成果及获奖情况

体育系在加强科研管理和基础理论研究的基础上,发挥多学科的优势,组织术课与学课教师一起参加综合课题研究，研究成果逐年增加。例如，叶永延教授和郑亦华教授主编、参编和撰写《人体运动力学》《人体解剖学》《体育科研方法》《磁性教学软件使用图谱》《运动生物力学》《学校体育大辞典》等教材及专著。教材《运动生物力学》获国家教委优秀教材一等奖；论文《影响起跳效果诸因素的生物力学研究》获江苏省科技进步奖；项目"磁性示教板及运动器械软件"获江苏省电教成果三等奖。

张卿华、王文英教授创编了新颖独特、科学客观、指标量化的 HYRC 心理素质测评系统，围绕该项目先后完成"中国大学生大脑机能及神经类型研究""汽车驾驶员心理选材与训练研究"等 9 项省部级课题，出版一部 59 万字的专著《人的神经类型测评研究》。项目成果还获得国家部委级科技进步奖二等奖 1 项、四等奖 1 项，江苏省哲学社会科学优秀成果奖二等奖 1 项、三等奖 1 项，江苏省教委教育科学优秀成果奖二等奖 1 项，苏州市科技进步奖三等奖 2 项等。

李佑文教授主编、参编了《体育测量与评价》《学校体育大辞典》《中学百科全书体育卫生保健卷》《体育与健康》《体育保健学》《体质测量与评价》等教材和著作，还参加了在爱沙尼亚共和国塔尔图大学举办的第二届欧洲体育科学会议。

根据不完全统计，从 1986 年到 1990 年，体育系教师被国际科学学术报告会录用的论文有 3 篇，被全国性学术报告会录用的论文有 24 篇，被省级学术报告会录用的论文有 51 篇，获得国家体委科学技术进步奖 2 项，获得省教学科研优秀论文奖 7 项。体育系教师还相继承担了省部级相关课题（表 3-4），积极参与全国性教材及学术专著的撰写（表 3-5），并在《体育与科学》《体育学刊》《中国运动医学杂志》等核心刊物上发表了相当数量的学术论文，仅 1996 年，就发表论文 10 余篇。

表 3-4 体育系教师科研课题不完全统计表（1991—1996）

序号	科研课题名称	立项时间	负责人	项目来源
1	奥林匹克理想与华夏文化的碰撞	1996 年	罗时铭	国家体育文史工委
2	西方体育思想史	1995 年	罗时铭	广东省
3	关于扣球最佳击球点的定量化研究	1995 年	程战铭	江苏省教委
4	我国经济发达地区与相对不发达地区独生子女身心发展的综合研究	1995 年	刘志民	江苏省教委自然科学基金
5	不同群体的适宜运动量研究	1996 年	罗时铭	校项目
6	中老年知识分子体质状况及改善对策研究	1996 年	王维群	校一般项目

续表

序号	科研课题名称	立项时间	负责人	项目来源
7	不同群体的适宜运动负荷研究	1996 年	吴明方	校一般项目
8	江苏省21世纪学校体育发展战略研究	1995 年	罗时铭	校项目
9	篮球教学与训练理论体系的研究	1994 年	王家宏	校项目
10	运动生物力学研究	1994 年	叶永延	校基金
11	体育游戏教学方法研究	1993 年	王家宏	校一般项目
12	排球	1993 年	马建桥	校重点课程建设
13	体育绘图	1992 年	马建桥	校一般项目
14	体育理论	1991 年	罗时铭	校重点课程

表 3-5 体育系教师出版的部分专著和教材（1987—1996）

序号	专著和教材名称	作者	出版社	出版时间
1	体育游戏	王家宏	高等教育出版社	1996 年
2	全民健身活动知识丛书（第一辑）	张宏成、潘晟等	苏州大学出版社	1996 年
3	中国体育简史	罗时铭	人民体育出版社	1996 年
4	体育史	罗时铭	高等教育出版社	1996 年
5	田径	邰崇禧	云南教育出版社	1996 年
6	学校体育科学新论	罗时铭、蔡刚等	中国商业出版社	1995 年
7	乒乓球理论与实践方法探索	周建军	云南大学出版社	1995 年
8	体育测量与评价	李佑文	苏州大学出版社	1996 年
9	中华保健气功	陈根福	南京出版社	1995 年
10	体育绘图	马建桥	苏州大学出版社	1995 年
11	形体健美与健美操	金宝芳	高等教育出版社	1995 年
12	篮球	王家宏	高等教育出版社	1995 年
13	体育教程	姜瑞珍、张宏成等	苏州大学出版社	1995 年
14	学校体育大辞典	李佑文	武汉工业大学出版社	1994 年
15	篮球战术训练	王家宏	陕西科学技术出版社	1994 年
16	篮球普修课教程	王家宏	陕西科学技术出版社	1994 年
17	田径技术试题与解答	詹永基、邰崇禧等	香港中华文化出版社	1993 年
18	田径理论试题与解答	詹永基	香港中华文化出版社	1992 年
19	田径训练教程	邰崇禧	杭州大学出版社	1992 年
20	体育管理学入门	傅大友、罗时铭等	华夏出版社	1991 年

续表

序号	专著和教材名称	作者	出版社	出版时间
21	中国导引强身术	罗时铭	安徽科学技术出版社	1991 年
22	排球练习百科（译著）	仇军	陕西人民出版社	1990 年
23	体育专业学习纲要	王家宏	河南大学出版社	1990 年
24	古代养生长寿史话	罗时铭	黄山出版社	1987 年
25	体育保健学	李佑文	高等教育出版社	1987 年

与此同时，体育系还积极承办和选派教师参加国内举办的各种学术会议。如1982年，王家宏参加了在郑州举办的第一届全国篮球论文报告会，并宣读了论文；1983年，苏州大学体育系承办了全国体育理论研讨会；1984年，罗时铭参加了全国第一届体育史论文报告会；1991年，罗时铭参加了在上海体育学院举办的中、日、韩"亚洲民族体育的现状与未来"学术研讨会；1994年，刘志民参加了在天津体育学院举办的"纪念篮球运动传入我国100周年"学术研讨会，并在会上宣读了论文。

1991年中、日、韩"亚洲民族体育的现状与未来"学术研讨会全体人员合影
（中排左二为罗时铭教授）

进入20世纪90年代，在良好教风、学风的影响下，体育系教师素质不断提升，涌现出了一批教学、科研成绩显著的优秀教师。1996年，张宏成等先后被江苏省教委和国家教委授予"江苏省高等学校优秀中、青年体育教师"和"高校优秀青年体育教师"荣誉称号。

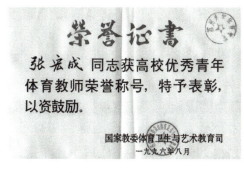 

1996年张宏成获得国家教委　　　　1996年张宏成获得江苏省教育委员会
"高校优秀青年体育教师"荣誉称号　　"高等学校优秀中、青年体育教师"称号

同时，体育系的科研水平也得到了稳步提高，涌现了一大批科研成果，无论是成果的数量还是成果的质量都有明显提升，部分成果获得了国家、省、市不同层次的奖励。如1996年，"游泳运动员对训练反应的评定"获得国家体委科技进步三等奖；《篮球》教材获得北京市哲学社会科学二等奖；"排球教学理论与方法研究及应用"获得江苏省普通高校优秀教学成果二等奖；"少年儿童篮球适宜形式的研究"获得苏州市科技进步攻关献计杯奖；等等。

六、加强师资队伍建设

党的十一届三中全会以来，苏州大学体育系有了更大的发展和提高，师资队伍逐年壮大，青年教师不断成长。经过多年的不懈努力，各学科已初步形成老、中、青相结合的师资队伍。为了不断提高师资队伍的水平，体育系还积极为青年教师进修创造条件。20世纪80年代初期，体育系分别选拔王家宏、罗时铭、李心华、周建军、马建桥等优秀青年教师到北京、天津、成都等地高校进修。

1983年成都体育学院全国首届体育史进修班全体人员合影
（中排左一为罗时铭教授）

进入 20 世纪 90 年代，根据当时的需要，体育系加大对青年教师的培养力度，开始向国外派遣留学人员，如杨静珍被派往美国，她是体育系首位公费外派的青年教师。后来又有刘志民、罗时铭等教师被陆续派往英国、日本等国家留学进修。同时，在政府外派的基础上，体育系还鼓励青年教师自费出国留学，先有嵇瑞康、毛时辛等教师分别到日本和美国进修，又有蔡赓、杨敢峰、奚启超等教师到日本留学深造。与此同时，体育系除了不断加强师资队伍建设外，还积极引进校外的专家学者担任兼职教授。1996 年，体育系先后引进华南师范大学体育科学学院邓树勋教授和国家体育总局陆绍中研究员为特聘教授。

体育系教师在完成教学、科研工作的同时，还积极融入社会，在国内外学术团体（机构）担任兼职（表 3-6），在进行学术交流的同时，扩大了苏州大学体育系的影响。

表 3-6　苏州大学体育学院教师在国内外学术团体（机构）任职情况表

序号	姓名	性别	职称	学术团体（机构）名称	曾任职务
1	李佑文	男	教授	中国高等师范院校体育保健研究会	副理事长兼秘书长
2	李佑文	男	教授	中国老教授协会体育科学专业委员会	副理事长
3	张建平	男	副教授	苏州市网球协会	副主席
4	陆升汉	男	副教授	苏州市田径协会	理事
5	罗时铭	男	教授	江苏省教育学会体育史分会	常务理事
6	李佑文	男	教授	中国教育学会体育研究会	理事
7	姜瑞珍	女	教授	中国大学生体育协会裁判委员会	副主任
8	王全法	男	副教授	江苏省国防教育协会苏南分会	秘书长
9	王家宏	男	教授	全国高等师范院校体育专业教材评审委员会	委员
10	叶永延	男	教授	中国体育科学学会	理事
11	叶永延	男	教授	中国体育科学学会生物力学会	副理事长
12	叶永延	男	教授	江苏省体育科学学会	副理事长
13	李佑文	男	教授	江苏省体育科学学会体质研究专业委员会	副主任
14	詹永基	男	教授	中国田径协会裁判委员会	委员
15	詹永基	男	教授	中国田径协会裁判法研究组	委员
16	詹永基	男	教授	江苏省田径协会裁判委员会	副主任
17	詹永基	男	教授	苏州市田径协会	副主席
18	程战铭	男	教授	全国高等师范院校体育专业教材编写委员会	委员
19	程战铭	男	教授	江苏省排球协会裁判委员会	副主席
20	程战铭	男	教授	江苏省大学生排球联合会	副主席
21	程战铭	男	教授	苏州市排球协会	副主席
22	王祖俊	男	教授	全国高等师范院校体育专业教材评审委员会	委员

第二节

大运会上显身手

一、参加全国大学生运动会

从1982年到1996年，苏州大学共参加了5届全国大学生运动会，并取得了令人瞩目的成绩。

1982年，第一届全国大学生运动会在北京钢铁学院（现北京科技大学）拉开帷幕，江苏省组队参加，队员分别来自苏州大学、南京师范大学、扬州师范大学、徐州师范大学等。第一届大学生运动会共分3个组别，甲组为普通高等学校，乙组为高等师范院校体育系，丙组为经国务院批准的各单科体育学院。在这次大学生运动会上，代表江苏省的20名田径选手中，来自苏州大学的队员有10人。在乙组的比赛中，78级的季平获得男子标枪比赛冠军，78级的张红艺获得男子跳高冠军，78级的蔡振武获得男子400米栏冠军，78级的吴唯敏获得男子4×100米接力跑第三名；79级的王玲、80级的李红星，获得女子4×100米接力跑第二名，79级的蒲定芬获得女子跳高第三名。江苏省队在这届大运会上获得总分第六名。

第一届全国大学生运动会
江苏省女子4×400米接力队员
从左至右为李红星、王玲、于荣、刘卫民

第一届全国大学生运动会
苏州大学代表队部分教练与队员合影
左起为张义盛、蒲定芬、王玲、刘卫民、张文辉

除田径以外，苏州大学体育还有不少学生代表江苏队参加了这届大学生运动会的比赛（表3-7）。

表 3-7　第一届全国大学生运动会苏州大学参赛学生名单与项目统计表

年级	姓名	性别	参加项目	成绩	备注
1979 级	吴清	女	铅球	第四名	甲组
1978 级	季平	男	标枪	冠军	乙组
1978 级	张红艺	男	跳高	冠军	乙组
1978 级	蔡振武	男	400 米栏	冠军	乙组
1979 级	王玲	女	4×100 米接力	第二名	乙组
1978 级	蔡赓	男	吊环	第二名	乙组
1979 级	蒲定芬	女	跳高	第三名	乙组
1978 级	吴唯敏	男	4×100 米接力	第三名	乙组
1979 级	刘卫民	女	七项全能	第四名	乙组
1980 级	李红星	女	4×100 米接力	第六名	乙组
1978 级	刘建中	男	铅球	第八名	乙组
1978 级	沈钧毅	男	竞技体操	—	乙组
1979 级	叶文英	女	艺术体操	—	乙组
1979 级	章玲	女	艺术体操	—	乙组

1986 年，第二届全国大学生运动会在辽宁省大连市举行，江苏省组队参加，共有队员 20 人，其中有 10 名队员来自苏州大学体育系。他们分别是陈忠宇、袁明、杜春生、赵忠亭、范建国、张文花、程志平、潘红霞、陆鸣、杨文勤，参加大运会乙组的比赛。教练员为张义盛和詹永基，助理教练为王安列。在这次比赛中，82 级的杜春生获得乙组男子撑竿跳高冠军，赵忠亭打破了全国大学生男子乙组 800 米跑纪录。

同时，在这届大学生运动会上，苏州大学获得"全国群众体育先进集体"称号。体育系主任施惠彬代表苏州大学受到了李鹏副总理的接见。

1988 年在南京举行的第三届全国大学生运动会上，苏州大学体育系的袁明、陈忠宇、陆鸣三位同学代表江苏队参加比赛，并同时打破了全国大学生跳高纪录。因为有专业运动员参加，他们未能获得冠军。

1992 年，第四届全国大学生运动会在湖北省武汉华中财经大学举行，江苏省组队参加，苏州大学也派运动员参加了比赛。苏州大学学生霍志强参加了甲组比赛。在乙组比赛中，江苏队共有 8 名队员，其中有 6 名队员为苏州大学学生，分别是柯建军、陈禹、奚海、王毅、李红斌和戴海滨，领队、教练员分别为程战铭和吴本浩。在这届大学生运动会上，苏州大学获得乙组男子铁饼第六名（柯建军）和 4×100 米接力第三名，苏州大学还获得了大会组委会颁发的精神文明奖。

1996 年，第五届全国大学生运动会在西安举行，鉴于当时全国的形势，各参赛院校队员基本都是各省专业队队员，鲜有真正的大学生的身影，在这届全国大学生运动会上，苏州大学没有取得较好的名次。

二、参加江苏省大学生运动会

除了参加全国大学生运动会外，苏州大学体育系还组织参加了江苏省运动会的高校部比赛（江苏省大学生运动会）。从1978年江苏师范学院首次参加江苏省大学生运动会（简称"省大运会"）到1996年，体育系共组织参加了6届省大运会体育院系组的田径比赛（表3-8），团体总分始终保持在前三名。

1978年，在第六届省大运会上，郑苏连以31.72米的优异成绩打破省大学生女子铁饼30.65米的纪录。1990年，在苏州大学举办的第十届江苏省大学生运动会田径比赛中，于文娟获得体育院系组的4×100米冠军、100米冠军和200米冠军。本科院校组中文系的仇玉萍同学获得女子七项全能的第一名。

表 3-8 苏州大学参加历届江苏省大学生运动会成绩统计表

届数	时间	地点	参加院校数	团体总分 男子总分、名次	团体总分 女子总分、名次	主要成绩
6	1978年5月	南京航天航空学院	34	公体31.5分，第八名；体育系60分，第三名	公体32分，第六名；体育系89分，第二名	郑连苏以31.72米的成绩破省大学生女子铁饼30.65米纪录；刘小平以5.56米的成绩创省大学生女子跳远纪录
7	1981年5月	华东水利学院	52	公体39分，第六名；体育系63分，第一名	公体29.5分，第五名；体育系71.5，第二名	苏州大学以43秒3的成绩创省大学生4×100米接力赛纪录；以3分24秒9的成绩创省大学生4×400米纪录
8	1984年5月	华东工程学院	38	公体51分，第六名；体育系55.5分，第三名	公体28分，第七名；体育系37.5分，第四名	—
9	1986年5月	徐州矿业大学	39	公体72分，第六名；体育系62分，第二名	公体32分，第九名；体育系93分，第一名	—
10	1990年5月	苏州大学	44	公体60分，第五名；体育系123分，第二名	公体65分，第三名；体育系103分，第二名	于文娟获得4×100米冠军、100米冠军和200米冠军
11	1994年5月	南京邮电大学	—	—	—	—

1981年参加江苏省第七届大学生田径运动会苏州大学代表队留影

1984年参加江苏省第八届大学生田径运动会苏州大学代表队留影

三、参加全国大学生体协田径运动会

从1991年开始,全国大学生体育协会又成立了大学生田径联合会,规定除大运会年外,每年都组织大学生田径锦标赛。第一届大学生田径锦标赛在中国矿业大学举行,苏州大学体育系派出运动员、教练员各1名参加,运动员霍志强

获得男子跳高冠军。由于成绩突出，霍志强在比赛现场就被确认达到国家运动健将水平，同时还被组委会授予运动员精神文明奖。

1995年，苏州大学参加了在成都举行的第五届大学生田径锦标赛，教练员由张义盛和戴福祥担任，体育系的许玉文（92级）获得跳远第二名、三级跳远第三名，管理学院的茆汉成获得男子跳高冠军并达到了国家运动健将水平，财经学院马婷怡获得女子400米第四名。在这次田径锦标赛上，苏州大学总分在参赛96所院校中排名第十六位。

四、举办全国高校体育系教学邀请赛

为了更好地提高教学质量，1980年10月10日至22日，由江苏省高教局主办，江苏师范学院体育系承办了全国部分高校体育系教学邀请赛，比赛设田径和篮球两项，共有20所院校参加。在这次比赛中，江苏师范学院获得总分为154分，在参赛高校中排名第五。

1980年全国部分高等院校体育系教学邀请赛留影

第三节

华东区高校体育院系协作组

粉碎"四人帮"后，党中央对科教事业的发展给予了高度的关心和重视。随后，邓小平同志在全国科学大会和教育工作会议上发出号召：我们的国家要

赶上世界先进水平,要从科学和教育入手。在这样的历史背景下,长期奋斗在体育教育第一线的苏大体育人倡议组建了一个以学术和工作交流为主要内容,以推动教学改革、提高办学水平和办学效益为宗旨的组织——华东区高校体育院系协作组。

华东区高校体育院系协作组(后改称为"协作会")由当时的江苏师范学院体育系陈鹤芳、上海师范学院体育系胡均升和杭州大学体育系胡士烜等人共同商议发起,1978年春在杭州成立。成立当年,协作组在杭州大学召开了第一届年会。此后不久,扬州师范学院、安庆师范学院加入协作组。协作组强调要把精力集中在教学、科研经验的交流方面,并于1980年召开了首届综合性的学术报告会。

1980年,第二届协作组年会在扬州师范学院召开。为保证协作组活动的顺利开展,当时杭州大学体育系主任黎明提出由执行组长作为协作组年会负责人,以代替原来牵头的江苏师范学院和杭州大学。协作组第二届年会商议决定,年会由各会员单位轮流组织承办,会议研讨与交流分成院长(主任)和书记两个组同时进行,在每届年会结束后确定下届年会的承办单位,并确定年会主题。此决定为以后华东区高校体育院系协作组年会的正常进行奠定了基础(表3-9)。

表3-9 华东区高校体育院系协作组历届年会简介(1978—1996)

届数	年份	年会内容	举办单位	备注
1	1978年	由江苏师范学院体育系、上海师范学院体育系、杭州大学体育系3个单位议定协作组的名称、宗旨、任务等	杭州大学	决定于次年(1979)举行田径、篮球、排球比赛
2	1979年	(1)江苏师范学院体育系、上海师范学院体育系、杭州大学体育系和扬州师范学院、华东师范大学、杭州师范学院等6个单位参加年会; (2)4月,在江苏师范学院举办田径比赛; (3)8月,在上海师范学院、杭州大学分别举办篮球和排球比赛	扬州师范学院	决定次年(1980)举行田径、篮球、体操教学经验交流会
3	1980年	(1)扬州师范学院、华东师范大学、杭州师范学院和安徽师范大学、曲阜师院、浙江师范学院、赣南师范专科学校等10个单位参加系主任年会; (2)8月,在华东师大举行田径比赛; (3)12月,在杭州大学举行首次综合性学术交流研讨会	杭州大学	—

续表

届数	年份	年会内容	举办单位	备 注
4	1981年	（1）江苏师范学院体育系、上海师范学院体育系、杭州大学体育系、扬州师范学院、华东师范大学、杭州师范学院、安徽师范大学、曲阜师范学院、浙江师范学院、赣南师范专科学校、南京师范学院、徐州师范学院、江西师范学院、福建师范学院等14个单位参加系主任年会； （2）举行第二次综合性学术研讨会	扬州师范学院	—
5	1982年	（1）江苏师范学院体育系、上海师范学院体育系、杭州大学体育系、扬州师范学院、华东师范大学、杭州师范学院、安徽师范大学、曲阜师范学院、浙江师范学院、赣南师范专科学校、南京师范学院、徐州师范学院、江西师范学院、福建师范学院等14所院校参加系主任年会。(北京师范大学、北体师、河北师范大学列席会议)； （2）有关院校作专题学术报告； （3）举办体操教学研讨会	上海师范学院	由于经费困难，决定次年（1983）停止举办竞赛活动
6	1983年	（1）系主任年会，参加单位同上届； （2）有关院校作专题学术报告	苏州大学	（1）决定今后年会的议题中心是如何提高教学质量； （2）决定以后的学术活动以单项学术研讨会为主
7	1984年	（1）篮球研讨会； （2）图书资料交流会； （3）生物力学研讨会； （4）体操、武术研讨会； （5）系主任年会	南京师范学院 上海师范学院 安徽师范大学 山东师范大学 福建师范大学	—
8	1985年	（1）系主任年会； （2）女子足球赛	南京师范大学 江西师范大学	—
9	1986年	（1）系主任年会； （2）体育史研讨会	山东师范大学 徐州师范学院	—

续表

届数	年份	年会内容	举办单位	备注
10	1987 年	(1) 系主任年会； (2) 体育统计学研讨会； (3) 体育保健学研讨会； (4) 篮球教学研讨会； (5) 体育理论年会； (6) 田径分片竞赛； (7) 思想政治工作研讨会	安徽师范大学 扬州师范学院 上海师范大学 杭州大学 曲阜师范大学 上海师范大学 江西师范大学 华东师范大学	思想政治工作研讨会未举行
11	1988 年	(1) 系主任年会、系党总支书记工作交流会； (2) 解剖学研讨会； (3) 生物力学研讨会； (4) 体育理论研讨会； (5) 田径教学研讨会； (6) 足球教学研讨会； (7) 艺体教学研讨会； (8) 体育情报资料研讨会	浙江师范大学 上海师范大学 曲阜师范大学 南京师范大学 华东师范大学 苏州大学 杭州大学 福建师范大学	—
12	1989 年	(1) 系主任年会； (2) 体育保健研讨会； (3) 教材教法研讨会； (4) 体育场馆建筑与施工研讨会； (5) 体育心理研讨会	徐州师范学院 福建师范大学 北京师范大学 浙江师范大学 华东师范大学	教材教法研讨会、体育场馆建筑与施工研讨会未举行
13	1990 年	(1) 系主任年会； (2) 人体、运动生理学研讨会； (3) 田径专修课研讨会； (4) 教材教法研讨会； (5) 民族传统体育研讨会； (6) 体育场馆建筑与施工研讨会	江西师范大学 杭州大学 山东师范大学 北京师范大学 上海师范大学 浙江师范大学	—
14	1991 年	(1) 系主任年会； (2) 篮球教学研讨会； (3) 体育绘图研讨会； (4) 艺体研讨会； (5) 学生政治思想工作研讨会	宁波师范学院 扬州师范学院 华东师范大学 南京师范大学 福建师范大学	—
15	1992 年	(1) 系主任年会； (2) 体操教学研讨会； (3) 德育教育研讨会； (4) 排球教学研讨会； (5) 体育理论研讨会	烟台师范学院 杭州大学 上海师范大学 南京师范大学 山东师范大学	排球教学研讨会未举行

续表

届数	年份	年会内容	举办单位	备 注
16	1993年	（1）系主任年会； （2）足球教学研讨会； （3）排球教学研讨会； （4）留学回国教师交流会； （5）体育保健研讨会（全国性）	华东师范大学 南京师范大学 上海师范大学 杭州大学 浙江师范大学	—
17	1994年	（1）系主任年会； （2）田径教研室； （3）德育教育研讨会； （4）解剖学研讨会	曲阜师范大学 安徽师范大学 苏州大学 南京师范大学	—
18	1995年	（1）系主任年会； （2）运动生理学研讨会； （3）健美操、体育舞蹈研讨会	杭州师范学院 徐州师范学院 上海师范大学 （后改为江西师范大学）	健美操、体育舞蹈研讨会未举行
19	1996年	（1）系主任年会； （2）体育史研讨会； （3）健美操、体育舞蹈研讨会； （4）体育理论研讨会	淮北煤炭师范学院 杭州大学 江西师范大学 苏州大学	（1）建立年会档案袋，届届相传。 （2）体育理论研讨会

如今，华东区高校体育院系协作组的影响力已辐射到华东区之外，区外众多兄弟院校的积极参加给协作组注入了鲜活的血液。目前，华东区外的会员包括北京师范大学、首都体育学院、河北师范大学、山西大学、河北体育学院等，截止到2006年年底，会员已增至40个。

华东区高校体育院系协作组每年除了举办相关的学术活动以外，还组织了一系列的比赛活动，如田径比赛、篮球比赛和排球比赛等。1981年，华东区高

江苏师范学院体育系获得1981年华东高校排球赛冠军合影

校体育院系协作组在上海师范学院举办排球比赛，苏州大学男子排球队获得了比赛冠军。1982 年，华东区高校体育院系协作组篮球比赛在安徽师范大学举行，苏州大学组队参加，领队为王永光，最终，女子篮球队获得总分第一名，男子篮球队获得总分第三名。

第四章

十年辉煌（1997—2007）

从 1924 年到 1997 年，苏州大学体育教育为适应体育事业的发展，经历了东吴大学体育专修科、江苏师范学院体育系和苏州大学体育系数十年的栉风沐雨。在国家教委、江苏省教委，以及苏州大学各级领导的关心与支持下，体育系全体教职员工秉承传统，上下求索，在人才培养、教学科研开展、师资队伍建设和基础设施创建等方面取得了不俗的成绩，具备了相当的办学规模和基础。应着这股发展势头，苏州大学体育系的"升格计划"呼之欲出。

第一节

破茧成蝶，成立体育学院

1997 年，根据国家体育发展战略和国家教委、江苏省教委的有关规定，系领导班子把体育系改建体育学院的事宜提上了议事日程，多次召集有关人士研究磋商，并向学校提出了申请。1997 年 11 月 11 日，苏州大学党委常委扩大会议决定，同意体育系建立体育学院，并向江苏省教委提交了《关于我校成立体育学院的请示》。

苏州大学体育学院成立大会

1997年12月18日，江苏省教育委员会签署了文件《关于同意建立苏州大学体育学院的批复》〔苏教计（1997）189号〕的，同意苏州大学以体育系为基础建立体育学院。12月20日，苏州大学体育学院成立仪式在苏州大学东校区体育馆隆重举行，国家教委体卫艺司司长宋尽贤，大学生体协秘书长杨立国，江苏省体委副主任殷宝林，江苏省教委副主任冒瑞林、祭彦加，江苏省教委体卫艺处处长江俊浩、副处长庄惠华，以及北京体育师范学院院长孙民治、副院长李颖川，杭州大学体育系主任丛湖平，上海师范大学体育系主任李伟民等兄弟院校体育学院、体育系的负责人出席了体育学院成立大会。出席大会的学校领导有党委书记周炳秋，副书记赵忠令、宋锦汶、傅大友，校长钱培德，副校长孙伟、周德兴、白伦。冒瑞林副主任代表江苏省教育委员会宣读了同意建立苏州大学体育学院的批复。

江苏省教育委员会文件

苏教计（1997）189号

关于同意建立苏州大学体育学院的批复

苏州大学：

你校《关于我校成立体育学院的请示》（苏大[1997]第43号）收悉。经研究，同意你校在校育系的基础上建立苏州大学体育学院。该院为二级学院，正处级单位，由你校统一领导和管理，所需教学及行政管理人员在你校现有教职工中调剂解决，不再另行增加编制。

此复。

江苏省教育委员会
一九九七年十二月十八日

抄送：国家教委、省政府办公厅

一、领导班子

新成立的体育学院由原体育系主任王家宏担任院长，勇振益担任党委书记，邰崇禧、李翔、张建平（兼）担任副院长，张建平担任党委副书记，刘小平担任院办公室主任。

体育学院第一届领导班子合影

体育学院第二届领导班子合影

体育学院第三届领导班子合影

1999年1月,苏州大学公共体育部从军体部并入体育学院,原公体部主任张宏成担任体育学院副院长,戴福祥、仇军担任体育学院院长助理。

2003年1月,勇振益调任生命科学学院党委书记。同年4月7日,张雪根调任体育学院党委书记,后于2006年11月调任苏州大学统战部部长,由王坤泉接任院党委书记一职。

2007年11月体育学院教职工合影

2007年，体育学院的党政领导班子由9人组成：王家宏为院长，王坤泉为党委书记，张宏成、戴福祥、朱建刚（兼）为副院长，朱建刚为党委副书记，陆阿明、蔡赓为院长助理，刘小平为办公室主任，周佳晔为办公室副主任。

二、机构设置

建院之后，为了适应发展需求，体育学院决定进一步优化组织构成，将原有的管理机构进行调整与梳理，逐步建立了一套党政分明、职责明确、责任到位的管理模式。体育学院下设院办公室、教学系部（体育系、运动人体科学系、公共体育部和社会体育部）、国家体育总局体育社会科学重点研究基地、研究中心（所）、运动医学研究所、基础理论中心实验室、分团委及辅导员办公室等机构。

第二节

与时俱进绘蓝图，齐心协力谋发展

20世纪90年代，苏州大学全体师生员工团结勤奋、求实创新，依托优越的地理环境、得天独厚的人文条件和江苏省雄厚的经济实力，全面推进各项改革，取得了显著的成就。1996年，历经90余载峥嵘岁月、具有悠久办学历史和浓郁文化底蕴的苏州大学以崭新的姿态跻身全国高校"211工程"之列。这标志着苏州大学将向着建设成为国家和江苏省培养高层次人才和实现"科教兴省"战略重要基地的目标奋进，同时也对苏州大学提出了建设成为全国一流水平的地方综合性大学并在国内外具有较大影响的要求。这是对苏州大学建设成效的一种肯定，也是对苏州大学今后的发展提出的总体要求。

一、集思广益，明确办学思路

1996年10月，体育系组织全体教职员工赴吴县渡村召开苏州大学体育系建设发展研讨会，共商体育系建设事宜及发展蓝图。周德欣、傅大友、殷爱荪三位校领导和有关部门领导参加会议并发表了重要讲话。体育系全体教职员工以强烈的主人翁意识和历史责任感，在办学体制、教学改革、科学研究、训练竞赛、基础设施建设等方面展开了热烈的讨论，发表与提出了很好的意见和建议。在这次被称为"渡村会议"的体育系发展建设研讨会召开之后，体育系制定了系"九五"规划，提出了体育系发展建设目标：以邓小平同志"发展是硬道理"的理论为工作的指导方针，以学校争进"211工程"为动力，以稳定教学秩序为根本，以树立良好的党风、学风为基础，以全力以赴、全神贯注、全方位努力、积极开拓、奋斗进取的工作作风，坚持深化改革，树立创新意识，明确高标准完成任务的工作要求，进一步将体育系办成江苏省培养体育专门人才的摇篮。在办学体制、专业设置、学科建设、教学科研、学生工作等方面形成自己的特点，力争在江苏省内的体育学科中确立领先地位，综合实力挤进全国同类体育学科的先进行列。同时体育系还制定了"三步走"的发展战略：第一步，坚持深化改革，加快发展建设，不拖学校后腿，为学校添光彩；第二步，振奋精神，开拓进取，争取提高学科在学校的竞争力；第三步，努力开拓，充实内涵，努

苏州大学体育系建设发展研讨会

力将体育系建成国内一流、国际知名的体育院系。

渡村会议的召开在体育系全体教职员工中引起了广泛而深刻的反响，会议上提出的许多新的发展理念，为体育系的建设规划确定了新的发展蓝图。渡村会议不仅对制定"九五"规划、增强凝聚力、加快体育系的建设发展起到了非常重要的作用，而且为此后不久成立的体育学院明确了发展方向。

二、科学规划，制定发展目标

在渡村会议之后的三年内，体育学院又连续召开三次体育学院发展建设研讨会（1997年的宜兴会议，1998年的太仓会议，1999年的江宁会议），审时度势，冷静思考，以开拓者的毅力艰苦奋斗，以挑战者的精神拼搏创新，出色地完成了"九五"规划提出的各项任务。在此基础上，较早地制定了体育学院"十五"规划，描绘了体育学院"十一五"发展的蓝图，并对各项发展目标进行了全面部署与实施。

1998年7月3日，体育学院经过认真筹备，率先在苏州大学召开了二级学院教工代表大会，在全校所有院系中首先实行院务公开制度。这一举措为集思广益、群策群力搞好学院建设提供了良好的制度支持。

苏州大学体育学院第一届教代会

（一）优化办学体系，扩大办学规模——提出"十五"发展规划

2000年1月，体育学院正式公布"十五"发展规划，提出了体育学院"十五"发展指导思想：认真贯彻全国第三次教育工作会议精神，全面落实德、智、体全面发展的教育方针，树立健康第一的指导思想，确立体育在学校中的重要地位；以稳定教学秩序、提高教学质量和办学水平为根本，以"坚持方向、瞄准目标、自加压力、负重前进"为工作方针，以全力以赴、全神贯注、全方位

努力、积极开拓进取为工作作风,树立创新意识和高标准完成任务的观念,加强精神文明建设,加强学科建设,积极充实内涵,走出一条规模、结构、质量、效益协调发展的新路。

在这个指导思想的引领下,学院立足自身实际,综合考虑时代发展的人才需要,制定了以发展目标推动总体目标实现的目标体系,明确了"十五"期间学院发展的实际任务。

苏州大学体育学院建设发展研讨会

总体目标:坚持社会主义办学方向,从面向现代化、面向世界、面向未来的战略高度,进一步把体育学院办成培养德、智、体全面发展的体育事业专门人才和21世纪高素质创新人才的基地。在以培养体育师范人才为主体和以公共体育与健康课程教学为主体的同时,积极贯彻国务院颁布的《全民健身计划纲要》,培养全民健身需要的应用型人才,为地方经济建设服务。在人才培养、专业设置、学科建设、教育科研等方面形成自己的特色,综合实力在江苏省高校体育院系中保持领先地位,在全国同类体育院系中达到一流水平。

发展目标:"十五"期间,学院以本科教育为主,大力发展研究生教育,适度发展成人教育,争取发展留学生教育,到"十五"末开设5个本科专业、4个硕士研究生学位点、2个博士研究生学位点,在院学生总数达到1 500人左右;全日制本科生控制在800人以内;成人教育学生500人(包括专业证书班);研究生200人,其中全日制研究生100人、课程班研究生100人。

(二)立足学科建设,深耕内涵发展——构建"十一五"发展规划

2005年11月19日,在体育学院发展建设研讨会上,王家宏院长代表学院党委和行政作了主题发言。回顾"九五""十五"的发展历程,体育学院坚持以改革促发展,以发展促提高,在学科建设、教学科研、队伍建设、竞技体育和

群众体育等方面取得了跳跃式的进步，并形成了良性循环的发展态势。有了作为，才有地位，目前体育学院的综合实力处于江苏领先、全国前列的地位，这就是近几年狠抓学科建设的结果。为了谋求新的发展，学院要科学地制定"十一五"发展规划，各学科也要制定相配套的发展计划，使全院能和谐、有序、协调地发展。

2006年1月4日，体育学院召开第二届教代会第二次会议。会议通过了学院"十一五"发展规划，提出了指导思想：以科学发展观为指导，全面贯彻党的十六大精神，努力学习、实践"三个代表"重要思想，继往开来，与时俱进，全面落实德、智、体全面发展的教育方针。围绕建设国内一流体育学院这一总体目标，围绕全面建设小康社会、提前基本实现现代化的发展大局，体育学院根据学校的统一部署，努力做到学科建设、专业建设、师资队伍建设与培养合格的体育专门人才和谐发展。

在这个指导思想的引领下，学院进一步提出了"十一五"阶段的发展目标：以体育教育训练学学科和专业建设为主，综合发展相关学科，以申报体育学一级学科博士点、国家级重点学科培育点建设和2007年教育部本科教学水平评估为契机，不断加强和深化教育教学改革，加强学科内涵建设和师资队伍建设，实现体育专业由教学研究型向研究教学型过渡、公共体育由教学为主型向教学研究型过渡，提升体育学院的整体实力，继续保持本学科综合实力在江苏领先的水平。加强与国际、国内体育院校和科研机构的交流与合作，努力将体育学院建成国内一流、国际知名的体育学院。

从"九五"期间提出的"省内重点"，到"十五"期间的"江苏领先，国内一流"，再到"十一五"期间的"国内一流，国际知名"的自我定位与发展目标，不仅表明了苏州大学体育学院综合实力的跨越式发展，也充分体现了学院的发展潜力和苏大体院人的豪情壮志。

第三节

春华秋实，体院十年业绩

体育学院的成立，为苏州大学体育构筑了新的发展与交流平台；公共体育部从军体部并入体育学院，也增强了体育学院办学的综合实力。李岚清、陈至立、梁保华、陈德铭、袁伟民、李志坚、邹时炎、田麦久、王荣等各级领导多次来体育学院视察与指导，给体育学院的发展增添了动力，体育学院从此拥有了更广阔的发展空间，进入了一个新的发展阶段。

国家体育总局原局长
袁伟民来体育学院视察指导

国家体育总局原党组书记
李志坚来体育学院视察指导

北京市人大常委会原副主任田麦久
来体育学院视察指导

国家教委原副主任邹时炎
来体育学院视察指导

邹时炎
为体育学院题词

江苏省委原书记梁保华、
国家发改委原副主任陈德铭来体育学院视察指导

苏州市委原书记王荣、
原副书记徐国强来体育学院视察指导

教育部体卫艺司原司长杨贵仁、
北京体育大学原校长杨桦来体育学院视察指导

体育学院成立后，在学校党委和行政的正确领导下，进一步加快了改革发展的步伐，树立了注重质量、讲求效益、打造品牌的办学理念。体育学院全体师生员工抓住机遇，明确发展思路，自加压力，负重奋进，振奋精神，团结协作，开拓进取，心系体育学院的发展，致力体育学院的建设。经过十年的发展建设，体育学院在学科建设、队伍建设、教学科研、人才培养、训练竞赛、办学条件等方面发生了深刻变化，取得了历史性的突破，实现了跨越式的发展，谱写了苏州大学体育教育绚丽多彩的新篇章。

体育学院多次获得国家、省、市各级表彰和奖励：1998年被评为苏州市精神文明单位；2001年、2005年先后被评为全国群众体育工作先进单位；2002年、2006年先后被评为江苏省群众体育先进单位；2003年，公体党支部被评为江苏省高教工委先进基层党支部；2004年，苏州大学被评为江苏省高校贯彻《学校体育工作条例》优秀学校；2006年，体育学院荣获第三届全国体育大会突出贡献奖；2007年获得第八届全国大学生运动会"校长杯"奖、突出贡献奖。

一、学科建设不断完善

十年来，体育学院紧跟时代步伐，抓住体育教育事业的发展机遇，逐步形成了从专业证书班到研究生班，从学士到博士，从全日制到非全日制的多样化人才培养模式。

在此期间，体育学院有4个本科专业，4个硕士学位授予点，1个博士学位授予点，1个博士后流动站，1个省重点学科，1个国家级重点学科培育建设点，1门国家精品课程，1门省精品课程，1个省优秀课程群，5门省一类、二类优秀课程，1个省品牌专业，1个省特色专业，1个国家体育总局体育社会科学重点研究基地。2004年体育学院被批准为高校教师在职攻读硕士学位授予单位，2005年被批准为体育专业硕士学位授予单位；2006年学院体育教育专业被学校确立为"211工程"重点建设学科。2005年2月27日，在中国管理科学研究院科学研究所公布的"中国本科专业排行榜"中，苏州大学体育教育专业和运动训练专业都名列前三位。

体育教育专业获评
江苏省高等学校品牌专业

体育教育训练学获评
"十一五"期间江苏省重点学科

（一）本科专业稳步增加

2001年，体育教育专业获评为苏州大学品牌专业。2002年，体育教育训练学获评为江苏省重点学科。2003年，在体育教育专业获评为江苏省品牌专业建设点之后，学院领导组织有关人员认真学习《江苏省高等学校品牌专业、特色专业遴选、管理和验收实施办法》《江苏省高等学校品牌专业、特色专业验收标准》等文件，首先在骨干队伍中自找差距、明确奋斗目标、议定建设工作重点，制定出了比较详细的专业建设方案，全面实施和推进品牌专业建设点的各项建设任务。2005年12月，体育教育专业通过江苏省品牌专业的终期验收，成为江苏省品牌专业，2006年又被确立为江苏省国家级重点学科培育建设点和苏州大学"211工程"第三期重点建设学科。

1996年，体育系增设了体育保健康复（专业）方向。1999年，根据国务院学位委员会关于二级学科专业调整的意见，体育学院整合资源、充实力量，将体育保健康复（专业）方向建设成为运动人体科学专业。与此同时，体育学院也成为综合性大学中唯一开设运动人体科学专业的体育学院。2005年，运动人体科学专业获评为苏州大学特色专业，2006年获评为江苏省特色专业。

2000年，体育学院增设民族传统体育专业。学院从社会、政治、经济的发展对人才培养的新要求出发，紧紧围绕培养具有扎实专业基础和技术并能从事民族传统体育推广和研究的专门人才这一目标开展教育教学工作，并提出了"重技术，强理论"的培养方案。

2001年，体育学院增设运动训练专业，该专业旨在培养德、智、体全面发展，具备体育专项运动训练的基础理论、基本知识和基本技能，能从事专项运动的教学、训练、科研及管理等工作的专门人才。其具体目标是：第一，提高现役运动员的文化素质，提高训练效果；第二，增强优秀运动员退役后进入社会的竞争力，解除现役运动员的后顾之忧；第三，选拔优秀的青少年运动员进行深造，为我国的奥运战略培养竞技体育的后备力量。为了加强本专业学生的社会就业竞争能力，学院结合学生专项特长，强化专项能力的全面培养，在课余训练指导、竞赛组织、裁判实践等环节为学生的能力培养创造条件和机会，还增设了"定向运动""轮滑""全民健身指导"等课程，以扩大学生知识面，提高学生就业的竞争力。

建院十年来，体育学院培养了1 000多名学生（表4-1），这些学生毕业后总体就业形势良好，受到了用人单位的普遍肯定。有些毕业生已成为各级政府和行政管理部门的领导干部，有些成了专家教授或各类学校的教学骨干，更有一些毕业生在国家经济建设的浪潮中自主创业并取得了重要的成就。

表4-1　1997—2007年体育学院本科招生人数统计表

年级	全日制教育				非全日制教育/人
	体育教育/人	运动人体科学/人	民族传统体育/人	运动训练/人	
1997级	181	—	—	—	155
1998级	181	—	—	—	149
1999级	168	20	—	—	124
2000级	138	20	20	—	115
2001级	78	21	21	33	68
2002级	58	23	20	45	58
2003级	56	20	20	60	66
2004级	66	23	18	60	80
2005级	55	22	19	75	35
2006级	55	20	20	70	34
2007级	71	21	21	64	39
合　计	1 863				923

（二）研究生教育蓬勃发展

1985年，苏州大学体育系首次在人体解剖学、体育教育理论与方法两个方向招收硕士研究生，并于1993年12月正式获得教育部批准的运动生物力学（含运动解剖学）硕士学位授予权。1997年体育学院又获得了体育教育训练学硕士学位授予权。1999年经教育部批准，体育学院举办"4+3"本硕连读试点班。2000年，体育学院获得了体育人文社会学硕士学位授予权。2004年，体育学院

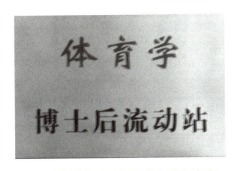

2007年获准建立体育学博士后流动站

与哈尔滨体育学院联合培养硕士生。2004年，体育学院被教育部批准为高校教师在职攻读硕士学位授予单位。2005年，体育学院被批准为体育专业硕士学位和教育硕士（体育）学位授予单位。2006年，体育学院获得民族传统体育硕士学位授予权。2000年，体育学院获得体育教育训练学博士学位授予权。2002年，体育学院开始招收中国台湾地区博士生。2007年，体育学院获准建立体育学博士后流动站。

体育硕士专业学位论证专家小组
第二次工作会议合影

2003级高校体育教师
在职攻读硕士学位班开学典礼

体育学院首届博士生、
广州体育学院原院长许永刚论文答辩

体育学院部分博士生与
导师合影

十年来，体育学院研究生教育发展迅猛。随着学位点的不断增设，招生规模的不断扩大，体育学院开始将"拓展规模，务实求精"作为研究生教育的重要发展理念。体育学院每年的研究生招生人数在100人左右，在校全日制研究生已达到近300人的规模。

以下图表反映了1997—2007年体育学院研究生教育的发展情况（表4-2、表4-3）。

体育学院2004届博士、硕士研究生毕业合影　　2006年体育学院研究生毕业合影

表4-2　1997—2007年体育学院各类研究生招生人数统计表

年级	全日制教育		非全日制教育			合计/人	备注
	硕士生/人	博士生/人	高校教师研究生课程班/人	在职攻读研究生/人	研究生课程班/人		
1997级	1	—	50	—	61	112	研究生课程班是江苏省教委委托体育学院举办
1998级	3	—	36	—	50	89	
1999级	5	—	35	—	52	92	
2000级	9	—	48	—	—	57	—
2001级	14	2	38	—	—	54	
2002级	27	7	25	—	—	59	招收台湾地区博士生3人
2003级	34	12	8	99	—	153	招收台湾地区博士生2人
2004级	53	15	—	82	—	150	招收台湾地区博士生4人，与哈尔滨体育学院联合培养硕士生7人
2005级	85	17	—	66	—	168	招收台湾地区博士生5人，与哈尔滨体育学院联合培养硕士生18人
2006级	88	16	—	83	—	187	招收台湾地区博士生5人，与哈尔滨体育学院联合培养硕士生9人
2007级	74	10	—	—	—	84	—
合计	393	79	240	330	163	1 205	—

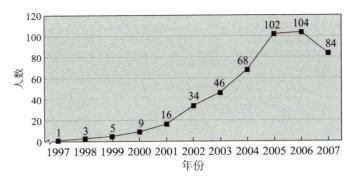

体育学院全日制研究生招生人数统计图（1997—2007）

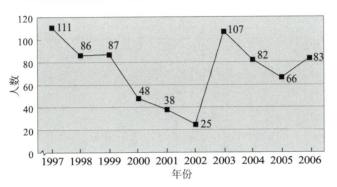

体育学院非全日制研究生招生人数统计图（1997—2006）

表 4-3　苏州大学体育学院部分博士生情况统计表

年级	姓名	性别	工作单位与职务
2001 级	许永刚	男	广州体育学院院长
2001 级	张　雄	男	国家体育总局篮管中心国管部部长
2002 级	赵　晶	女	哈尔滨体育学院研究生部主任
2002 级	靳　勇	男	首都体育学院
2002 级	罗　林	男	江西财经大学体育学院院长
2002 级	盛　蕾	女	江苏省体育科研所所长
2002 级	颜贵彬	男	台湾大汉技术学院
2002 级	林添鸿	男	台湾中华大学
2002 级	刘介仲	男	台湾中华大学
2003 级	李颖川	男	首都体育学院院长
2003 级	都　娟	女	奥组委体育部篮球项目委员会主任
2003 级	陈兰波	男	山东师范大学体育学院
2003 级	张　军	男	西安交通大学
2003 级	王　东	男	深圳大学体育部
2003 级	陈　新	男	苏州大学体育学院

续表

年级	姓名	性别	工作单位与职务
2003 级	刘　石	女	哈尔滨体育学院
2003 级	吕　荣	男	南京师范大学体育学院
2003 级	王维群	女	苏州大学体育学院
2003 级	吴明方	女	苏州大学体育学院
2003 级	钟国铭	男	台湾大汉技术学院
2003 级	王宏正	男	台湾大汉技术学院
2004 级	张元文	男	上海体育学院
2004 级	罗　丽	女	苏州大学体育学院
2004 级	王竹影	女	南京师范大学
2004 级	肖　涛	男	郑州大学体育学院
2004 级	顾季青	男	苏州大学体育学院
2004 级	房冬梅	女	徐州师范大学
2004 级	闫育东	男	哈尔滨体育学院运动系主任
2004 级	刘卫东	男	河北师范大学
2004 级	宋君毅	男	广州体育学院
2004 级	张秋霞	女	苏州大学体育学院
2004 级	高凤明	男	苏州大学体育学院
2004 级	吕青山	男	台湾艺术大学
2004 级	张林家	男	台湾政治大学
2004 级	黄光中	男	台湾德霖技术学院
2004 级	潘慧文	女	台湾科技学院
2005 级	李　征	男	四川大学体育学院
2005 级	王艳丽	女	广州体育学院
2005 级	秦凤冰	女	哈尔滨体育学院学报编辑部主任
2005 级	李　静	男	浙江工业大学
2005 级	刘淑英	女	山东师范大学体育学院
2005 级	杜　伟	男	江苏省教育厅老干部处处长
2005 级	钱志强	男	苏州大学体育学院
2005 级	魏　磊	男	曲阜师范大学
2005 级	张凡涛	男	河南大学体育学院
2005 级	张宏伟	男	北京首都体育学院
2005 级	李　敏	女	徐州师范大学
2005 级	沈勇伟	男	苏州大学体育学院

续表

年级	姓名	性别	工作单位与职务
2005级	翁启祥	男	国际木球总会执行秘书
2005级	王金莲	女	台湾辅仁大学体育系
2005级	洪惟全	男	台湾德霖技术学院
2005级	白慧婴	女	台湾德霖技术学院
2005级	张嘉六	男	台湾彰化县员林国小
2006级	李明达	男	成都体育学院
2006级	李赞	男	景德镇陶瓷学院
2006级	何蕊	女	山东经济学院
2006级	东芬	女	常熟理工学院
2006级	李正贤	男	浙江林学院
2006级	王传友	男	淮阴工学院
2006级	王海荣	男	宁波大学
2006级	张金成	男	苏州大学体育学院
2006级	陶玉流	男	苏州大学体育学院
2006级	王平	男	太原科技大学
2006级	姜振	男	盐城师范学院
2006级	陈昱豪	男	江苏珈侬生化有限公司
2006级	许东雄	男	台北市立体育学院
2006级	周如萍	女	台湾德霖技术学院
2006级	欧阳秀	女	台湾大华技术学院
2007级	朱佳斌	男	哈尔滨体育学院
2007级	傅振磊	男	南宁师范学院
2007级	冯宝忠	男	国家体育总局
2007级	高玉花	女	广州体育学院
2007级	刘洋	男	杭州师范大学
2007级	王秀平	男	邯郸学院
2007级	李翔	男	苏州大学
2007级	刘志元	男	江西师范大学
2007级	谢正阳	男	南京体育学院
2007级	徐建华	男	福建师范大学

(三）成人教育形式多样

苏州大学体育学院按照多元化、多渠道为社会培养人才的要求，积极开展继续教育，努力为地方经济建设和社会发展服务。1996—2007 年，先后申报举办了"体育教学与训练专业证书""体育教学与训练专业证书后大专""体育教学与训练后大专转自学考试""体育教育函授师范专升本""运动人体科学自学考试助学"等继续教育办学模式，累计培养成人教育学员近 3 000 人次。学院继续教育办学专业和层次为：体育教育函授师范专升本、运动人体科学自学考试助学（本科）、运动人体科学自学考试独立本科。

二、科学研究硕果累累

1993 年，中共中央、国务院颁布的《中国教育改革和发展纲要》指出：高等教育担负着培养高级专门人才、发展科学技术文化和促进现代化建设的重大任务。为了提升学院教师的科研工作能力，调动教师的积极性，鼓励广大教师开展科研工作，提高全院科研工作的整体水平，1997 年，体育学院讨论并修订《教师科研、学术活动管理条例》，确定了体育学院科研发展的模式，即"以教学研究为基础，以课题研究为主题"。2001 年 12 月，苏州大学体育科学研究中心被国家体育总局批准为首批体育社会科学研究基地。2003 年，该研究基地又被批准为国家体育总局体育社会科学重点研究基地，国家体育总局政策法规司司长谢琼桓、副司长张天白，江苏省体育局副局长殷宝林，苏州大学党委书记闵春发等出席了挂牌仪式。

（一）立项课题

"八五"期间，体育学院仅承担 2 项省部级及以上研究课题，到"十五"期间已增至 44 项，其中，国家社科基金研究课题 10 项、科技部软科学研究课题 1 项，国家体育总局软科学研究课题 28 项，省级课题 45 项。科研经费也从"八五"期间的不足 1 万元增长到"十五""十一五"前两年的近 300 万元，体育学院研究课题和科研经费的涨幅获得了显著提升。

以下是截至 2007 年 10 月体育学院省部级以上立项课题统计表（表 4-4）。

表 4-4　体育学院省部级以上立项课题统计表

课题名称	课题来源	主持人	立项时间
面向 21 世纪体育师资和体育教育专业改革与发展研究	教育部"九五"重点课题	王家宏	1996 年
大学生健身运动处方研究	教育部规划课题	王维群	
21 世纪高校体育师资培养模式研究	21 世纪中国学校体育发展研究中心	汪康乐	1997 年

续表

课题名称	课题来源	主持人	立项时间
规范我国竞技体育市场的若干重大法律问题——美、英、日、中四国的比较研究	江苏省社科项目	王家宏	1997年
江苏中学体育骨干教师培养模式及教学内容课程体系改革的研究	江苏省教委	王家宏	1997年
突出健身与终身体育教学模式的实验研究	江苏省教委	张宏成	1998年
对国家公务员目标人群体力活动认知与行为转化及其评价标准的研究	国家社科项目	王家宏	1998年
体育教育训练学的研究	教育部"211项目"	王家宏	1998年
对江苏省大学教师目标人群体力活动认知与行为的转化及其评价标准的研究	江苏省教委	邰崇禧	1998年
关于体育院系学生科学研究能力系统培养的实验研究	江苏省教委	邰崇禧	1998年
面向21世纪江苏省中学体育教师继续教育的研究	江苏省教委	王维群	1998年
我国乡镇体育的现状调查与21世纪发展模式的构想	国家体育总局	周建军	2000年
新中国党的三代领导集体体育思想研究	江苏省人文社会科学研究项目	罗时铭	2000年
2010年中国社会体育发展战略研究	国家体育总局	董新光	2000年
突出以健身与终身体育思想的体育教学模式的实验研究	江苏省教育厅	张宏成	2001年
大学生体育与健康综合素质监测评价体系的研究	江苏省人文社会科学研究项目	潘　晟	2001年
苏南农村小城镇经济、社会与体育发展互动关系的实证研究	江苏省体育局	刘志民	2001年
中华人民共和国篮球运动发展史	国家体育总局	王家宏	2001年
2001—2010年体育改革与发展纲要	国家体育总局	杨卫东	2001年
关于体育院系学生科学研究能力系统培养的实验研究	江苏省教委教改课题	邰崇禧	2001年
我国篮球产业的发展及对策研究	国家社科项目	王家宏	2002年
中国篮球运动内外环境的研究	国家体育总局	孙民治	2002年
新世纪高校体育新模式的研究与实践	江苏省教育厅	张宏成	2002年
关于提高教师专业发展水平及其知识结构的研究	全国教育科学规划办	张宏成	2002年

续表

课题名称	课题来源	主持人	立项时间
对构建普通高校体育健康课程体系的研究	江苏省教育厅	戴福祥	2002 年
新世纪高校体育新模式的研究与实践	江苏省立项资助项目（C级）	张宏成	2002 年
普通高校体育教育专业复合型创新人才培养规模、模式、方案及其实践研究	江苏省立项资助项目（C级）	邰崇禧	2002 年
21世纪江苏省体育教育人才培养系统研究	江苏省教育科学规划办公室	王家宏	2002 年
运动人体科学专业学生实验研究与设计能力增减的理论与研究	江苏省教育科学规划办公室	邰崇禧	2002 年
提高小学体育课程课堂教学效率和效益的研究	江苏省教育科学规划办公室	罗时铭	2002 年
21世纪体育教育人才培养的研究	教育部全国教育科学规划办	王家宏	2002 年
苏南地区全面建设小康社会目标中的全民健身体系构建	国家社科项目	殷爱荪	2003 年
体育可持续发展研究	国家社科基金	谢琼桓 董新光	2003 年
长江三角洲地区全面建设小康社会中成年人体育健身服务体系的构建	科技部	王家宏	2003 年
农村体育发展水平评价指标体系的研究	国家体育总局	董新光	2003 年
我国城镇基础教育阶段体育教学若干因素与学生心理健康关系的研究	中央教科所体育规划重点课题	王家宏	2003 年
提高女性大学生骨健康水平的运动训练处方与评价体系研究	中央教科所体育规划重点课题	张 林	2003 年
体育教育专业招生制度面临的挑战与选择	中央教科所体育规划重点课题	周建军	2003 年
高校知识人群体质、体育活动及运动处方的研究	江苏省体育局	王维群	2003 年
苏州市国民内质问题成因及对策研究	江苏省体育局	陆阿明	2003 年
关于提升我省业余体校体操教练员训练水平的对策研究	江苏省体育局	汪康乐	2004 年
脑波诱导训练对运动员唤醒调控能力及运动成绩影响的研究	江苏省体育局	蔡 赓	2004 年
不同项目优秀运动员训练期细胞免疫应签性及干预	江苏省体育局	吴明方	2004 年

续表

课题名称	课题来源	主持人	立项时间
都市体育圈的理论与实践——以环太湖体育圈为例	国家社科基金（重点项目）	任 平 王家宏	2004年
中国体育简明通史（子课题）	国家社科基金（重点项目）	崔乐泉 罗时铭	2004年
对控制球场暴力行为和维护赛场及社会安定的研究	国家体育总局	刘志民	2004年
太湖周边地区农村群众体育现状及发展对策研究	国家体育总局	朱国生	2004年
中国篮球运动管理系统优化配置的研究	国家体育总局	王家宏	2004年
环太湖体育圈项目开发研究	国家体育总局	孔庆鹏 王家宏	2004年
对我国高校体育资源与社会共享的研究	国家体育总局	刘小平	2004年
我国构建WTO健康城市全民健身理论架构与指标体系的研究	国家体育总局	张 林	2004年
我国未来城市社会体育的发展脉络研究	国家体育总局	罗时铭	2004年
关于体育社会科学新学科创建的研究	国家体育总局	汪康乐	2004年
体育教育专业人才培养模式及教学内容和课程体系改革的研究	全国高等学校教学研究会	邰崇禧	2004年
21世纪高等体育专业社会体育指导员培养模式和对策的研究	江苏省教育科学规划办公室	戴俭慧	2004年
生活方式、现代文明病、运动	江苏省哲学社科规划办	袁凌燕	2004年
运动对中枢神经系统细胞形态结构和功能的影响	江苏省政府"211工程"	陆阿明	2004年
人体基本运动技能特征研究	江苏省政府苏大中青年学术带头人科研资助	陆阿明	2004年
体育公园在全面建设小康社会建设中的作用、现状及可持续发展	国家社科基金	董新光	2005年
少年篮球适宜形式研究	国家体育总局	王家宏	2005年
我国大中小学体育课程一体化研究	国家体育总局	张宏成	2005年
太湖地区体育健身多元化服务体系研究	国家体育总局	邰崇禧	2005年
苏南地区群众体育现状调查与体育健身服务系统的构建	江苏省教育厅	王国祥	2005年
经济发达地区科技售货员健身运动处方的研究	江苏省体育局	沈勇伟	2005年
离心运动后恢复大鼠骨骼肌VEGF表达、组织学和毛细血管密度变化的研究	江苏省体育局	王维群	2005年

续表

课题名称	课题来源	主持人	立项时间
大学高水平篮球运动员营养恢复体系研究	中国体育科学学会科学技术研究项目	王家宏	2005年
单纯性肥胖中小学体质特征及其体育活动干预的研究	中国体育科学学会科学技术研究项目	王国祥	2005年
中国武术：应对全球化的发展研究	国家社科基金	王 岗	2006年
长三角体育旅游资源开发的研究	国家体育总局	钟 华	2006年
全民健身立法	国家体育总局	董新光	2006年
我国学校社区体育一体化发展的研究	国家体育总局	宋元平	2006年
我国体育社会科学发展现状与对策研究	国家体育总局	王家宏	2006年
大众参与民族传统体育活动项目的研究	国家体育总局	王 岗	2006年
备战2008年奥运会国家男女篮球队体能训练的科学化设计与实施的阶段性研究	国家体育总局	王家宏	2006年
全球文化背景下传统武术发展的研究	国家体育总局	颜辉萍	2006年
学校体育现代化价值与内涵研究	全国教育科学"十一五"规划重点课题	王家宏	2006年
自行车运动员赛前焦虑及干预措施研究	江苏省体育局	朱国生	2006年
罗迪克网球发球技术的生物力学特征和开发利用的研究	江苏省体育局	潘 晟	2006年
"环太湖体育圈"苏州居民体育消费现状调查及对策研究	江苏省体育局	邰崇禧	2006年
苏南地区单纯性肥胖中小学体质特征及其体育活动干预的研究	江苏省体育局	王国祥	2006年
学校体育现代化理论构建与实践研究	江苏省教育科学规划课题	陆阿明	2006年
北京奥运会社会、经济、文化、教育价值的综合研究与开发	国家社科基金（重点项目）	王家宏	2007年
我国国家女子篮球队体能训练的科学化实施与监控体系的研究	国家体育总局	王家宏	2007年
国家皮划艇队重点运动员综合科研攻关研究与应用	国家体育总局	田 中 张 林	2007年
中国近代体育思想史研究	国家体育总局	罗时铭	2007年
"环太湖体育圈"农民体育健身工程运行机制的研究	国家体育总局	邰崇禧	2007年
中英两国体育行业国家职业资格证书制度的比较研究	国家体育总局	戴俭慧	2007年

(二) 出版著作

十年来，体育学院教师出版了大量的著作，在社会上获得了良好的反响，有的还成为该学科领域具有代表性的著作。

1. 出版情况（表 4-5）

表 4-5 体育学院教师公开出版的部分著作（2001—2007）

著作名称	作者	出版社	出版时间
体力活动与公共健康：来自国家公务员的调查	王家宏等	苏州大学出版社	2001 年
苏州市体育现代化研究	王家宏等	苏州大学出版社	2003 年
田径竞赛裁判指南	邰崇禧	吉林人民体育出版社	2003 年
苏州体育志	陶玉流	上海科技出版社	2003 年
临床常见疾病家庭运动处方	吴明方等	安徽科学技术出版社	2004 年
社会体育	董新光	人民体育出版社	2004 年
全民健身指导丛书（实践篇）（10 册）	董新光	北京体育大学出版社	2004 年
运动损伤与防治	王国祥	知识产权出版社	2004 年
新中国篮球运动发展史	王家宏	人民体育出版社	2005 年
民族传统体育发展的文化审视	王 岗	北京体育大学出版社	2005 年
服装新材料	陶铁元	中国纺织出版社	2005 年
骨质疏松鉴别诊断与治疗	张 林	人民卫生出版社	2005 年
奥运来到中国	罗时铭	清华大学出版社	2005 年
体育科学新学科创建学	汪康乐	北京体育大学出版社	2006 年
怎样打高尔夫球	戴福祥	苏州大学出版社	2006 年
怎样打乒乓球	周建军	苏州大学出版社	2006 年
怎样打羽毛球	王家宏	苏州大学出版社	2006 年
怎样踢足球	何 旭	苏州大学出版社	2006 年
怎样打篮球	张宏成	苏州大学出版社	2006 年
文化视野下的奥林匹克	王家宏等	北京体育大学出版社	2007 年
体育的文化真实	王 岗	北京体育大学出版社	2007 年
中国近代体育变迁的文化解读	罗时铭	北京体育大学出版社	2007 年
民族传统体育与文化自尊	王 岗	北京体育大学出版社	2007 年
体育基础：教学、锻炼和竞技	刘卫东等译	江苏教育出版社	2007 年
人体运动科学研究进展	张林等	北京体育大学出版社	2007 年
我国篮球产业的发展现状及对策研究	王家宏	北京体育大学出版社	2007 年

续表

著作名称	作者	出版社	出版时间
当代日本学校体育与社会体育研究	罗时铭	北京体育大学出版社	2007 年
我国篮球运动组织系统的优化配置研究	王家宏	北京体育大学出版社	2007 年
21 世纪体育教育人才培养的研究	王家宏	北京体育大学出版社	2007 年

体育学院教师公开出版的
部分专著书影（一）

体育学院教师公开出版的
部分专著书影（二）

2. 社会评价

国家体育总局原局长袁伟民对王家宏教授《体力活动与公共健康——来自国家公务员的调查》一书的评价是：本书的出版既拓宽了我国体育学对此领域的研究，也将有助于政府在录用、考核公务员过程中做出科学的决策。国家体育总局原副局长张发强对王家宏教授《新中国篮球运动发展史》一书的评价是：研究成果不是一般的历史编写，也不是对我国篮球运动发展进程的简单罗列，更不是文件汇编或业务工作总结，它是科学的史学著作，有来龙去脉，有社会背景，能够科学地评价重要历史事件和人物，能够反映出篮球运动在不同地区、不同阶段的客观面貌，摆正其在历史进程中的位置，并对历史经验做出科学、全面的总结，从中提炼出规律性的东西，并提高到理论层次；不仅给广大篮球爱好者和工作者提供了一本了解新中国篮球运动历史的读物，而且对从事篮球运动的专家、学者也具有很高的参考价值。历史是一面镜子，不仅能展现过去，而且能投射未来。所以，此研究成果对于指导现在、决策未来并推动我国篮球运动的蓬勃发展有着十分重要的意义和作用。

罗时铭教授参与了国家体育总局以伍绍祖为组长的"新中国体育五十年"重大项目组工作，后来项目组出版的《中华人民共和国体育史》被《中国体育报》等媒体称为"填补了中国体育史学研究的空白，为体委系统的'讲学习'提供了比较完善的历史教材"。

《中华人民共和国体育史》书影　　国家体育总局原副局长张发强（前左二）代表伍绍祖看望课题组成员

（三）研究成果获奖情况

十年来，体育学院教师的科研成果丰硕，多次获得表彰和奖励，许多教师还在国内外体育科学论文报告会上获奖。

2006年9月，董新光教授主持的国家体育总局研究项目"农村体育发展水平评价指标体系的研究"、王家宏教授主持的国家社科基金项目"我国篮球产业的发展及对策研究"，获得国家体育总局体育社会科学研究优秀成果一等奖。

国家体育总局体育社会科学研究优秀成果一等奖证书（2项）

2007年10月23日—26日，苏州大学体育学院代表团23名师生一行赴北京参加了第八届全国体育科学大会。在此次大会上，体育学院共有39篇论文被录用，其中大会专题报告8篇，墙报交流13篇，书面交流18篇，录取率和专题报告数在全国综合性大学中名列第一。另外，体育学院罗时铭教授还应邀作了大会主报告。

2007年苏州大学体育学院代表团参加
第八届全国体育科学大会（一）　　2007年苏州大学体育学院代表团参加
第八届全国体育科学大会（二）

（四）积极承办国内、国际重要学术会议

体育学院还举办或承办了一些重要的学术会议和科研活动。1997年，体育学院受国家教委体育卫生与艺术司的委托，承办了全国普通高校体育教育专业课程计划实验学校研讨会。1998年，体育学院受全国高校体育教学指导委员会委托，承办了全国球类教法新趋向研讨会。2001年，体育学院承办了普通高校体育课程指导纲要会议。

2003年，全国高等学校体育教学指导委员会全体会议在苏州大学举行。教育部体卫艺司司长杨贵仁，北京体育大学党委书记、校长杨桦，华南师范大学党委书记杨文轩，教育部体卫艺处处长、全国高等学校体育教学指导委员会秘书长季克异，福建师范大学副校长黄汉升等出席了会议。

2003年全国高等学校体育教学指导委员会全体会议

2004年，苏州大学体育学院和苏州市体育局共同承办了全国体育社会科学规划工作会议。国家体育总局政策法规司副司长闫平、国家体育总局政策法规理论处处长马宣建、西安体育学院党委书记董小龙、吉首大学副校长白晋湘、苏州市政府副秘书长董宙宙、苏州大学副校长张学光等出席了会议。

2004 年全国体育社会科学规划工作会议

2004 年，苏州大学承办了第三届华人运动生理与体适能学者学会年会。中国科学院院士、全国政协副主席钱伟长，华人运动生理与体适能学者学会会长傅浩坚，苏州大学副校长白伦等出席了会议。

2004 年第三届华人运动生理与体适能学者学会年会

2005 年，在篮球运动传入中国 110 周年和我国篮球联赛改革 10 周年之际，体育学院承办了由中国篮球协会、国家体育总局体育文化发展中心和苏州大学联合主办的首届中国篮球文化论坛。国家体育总局篮球运动管理中心主任、中国篮球协会常务副主席兼秘书长李元伟，国家体育总局体育文化发展中心主任袁大任、副主任朱国平，国家体育总局篮球运动管理中心训练科研部主任张雄，《体育文化导刊》杂志社编辑部主任古柏，江苏金陵体育器材股份有限公司董事长李春荣，北京奥组委媒体运营部主新闻中心处长、高级记者徐济成，北京星际体育文化发展有限公司总经理、著名体育经纪人夏松，苏州大学副校长葛建一等出席了会议。

2005 年首届中国篮球文化论坛

2006 年，体育学院协办了第三届全国体育大会苏州太湖体育论坛。本次论坛开幕式由国家体育总局群体司司长郭敏主持，国家体育总局党组副书记、副局长胡家燕，国家体育总局副局长冯建中，江苏省人民政府副省长何权，全国政协常委、国家体育总局原副局长张发强，教育部体育卫生与艺术司司长杨贵仁，国家体育总局政策法规司司长张剑，国家体育总局科教司司长蒋志学，江苏省体育局局长李一宁，苏州市委副书记徐国强等出席了开幕式。

2006 年第三届全国体育大会苏州太湖体育论坛

2006 年，苏州大学与上海体育学院、华东师范大学共同承办了体育学博士创新能力培养研讨会。北京市人大常委会副主任、国务院学科学位委员会体育学科评议组组长田麦久，成员黄汉升、周爱光、邱丕相、王家宏等出席了会议。

2006 年体育学博士创新能力培养研讨会

2007 年,体育学院受全国高校体育教学指导委员会的委托,承办了 2007 年全国体育学研究生导师研修班。北京市人大常委会副主任、国务院学科学位委员会体育学科评议组组长田麦久,评议组成员黄汉升、周爱光、邱丕相、王家宏,上海体育学院院长姚颂平、华东师范大学体育与健康学院院长季浏等作学术报告。

2007 年全国体育学研究生导师研修班

（五）学术组织兼职

1997—2007 年,体育学院教师在国内外学术团体（机构）任职情况如表 4-6 所示。

表 4-6 体育学院教师在国内外学术团体（机构）任职情况表（1997—2007）

姓名	性别	职称	学术团体（机构）名称	担任职务	任职时间
王家宏	男	教授	国务院学位委员会	学科评议组成员	2003 年
王家宏	男	教授	全国高校体育教学指导委员会	技术学科组副组长	1998 年
王家宏	男	教授	全国学校体育专业委员会	副理事长	2004 年
王家宏	男	教授	全国体育硕士专业学位教育指导委员会	委员	2005 年
王家宏	男	教授	江苏省高等教育学会高校体育研究会 江苏省体育科学学会高校体育专业委员会	名誉理事长	2005 年

续表

姓名	性别	职称	学术团体（机构）名称	担任职务	任职时间
王家宏	男	教授	中国篮球协会科研委员会	副主任	2005年
王家宏	男	教授	江苏省体育教育指导委员会	副主任	2005年
王家宏	男	教授	中国大学生网球协会	副主席	2005年
王家宏	男	教授	江苏省篮球协会	副主席	2001年
王家宏	男	教授	苏州市体育总会	副主席	1999年
王家宏	男	教授	江苏省社会学会体育专业委员会	副理事长	2001年
王家宏	男	教授	江苏省体育科学学会	副理事长	2003年
王家宏	男	教授	苏州市体育科学学会	名誉理事长	2004年
邰崇禧	男	教授	中国田径协会裁判委员会	委员	1998年
邰崇禧	男	教授	中国大学生体育协会田径分会	委员	1998年
邰崇禧	男	教授	全国田径理论研究会	委员	1997年
邰崇禧	男	教授	江苏省体育科学学会	理事	1998年
邰崇禧	男	教授	江苏省田径协会裁判委员会	副主任	1998年
邰崇禧	男	教授	苏州市田径协会	副主席	1997年
张宏成	男	教授	全国综合性大学体育协会	理事	1998年
张宏成	男	教授	江苏省高校体育教学研究会	副理事长	1997年
张宏成	男	教授	江苏省体育教学指导委员会公体组	副组长	2005年
张宏成	男	教授	江苏省高等教育学会体育研究会	副理事长	2004年
张宏成	男	教授	江苏省高校体育工作委员会	常务委员	1997年
张宏成	男	教授	江苏省高校体育工作委员会苏南分会	主任	1997年
张宏成	男	教授	江苏省篮球协会	委员	2002年
张宏成	男	教授	江苏省大学生体协	副秘书长、苏南分会主任	2002年
张宏成	男	教授	江苏省高校体育研究会	副理事长	2003年
张宏成	男	教授	苏州市体育总会	常务委员	1997年
张宏成	男	教授	苏州市篮球协会	副主席	2005年
张 林	男	教授	中国保健科技学会骨与关节病学会	理事	1999年
张 林	男	教授	福建厦门市体育科学学会	常务副理事长	2001年
张 林	男	教授	全国高校运动人体科学专业委员会	常委	2006年
罗时铭	男	教授	东北亚体育史学会	理事	1998年
罗时铭	男	教授	中国体育科学学会体育史分会	常务委员	2000年
罗时铭	男	教授	江苏省体育科学学会体育理论专业委员会	副主任	2000年

续表

姓名	性别	职称	学术团体（机构）名称	担任职务	任职时间
罗时铭	男	教授	江苏省体育科学学会	理事	2003 年
董新光	男	教授	国家级社会体育指导员评审委员会	委员	2006 年
董新光	男	教授	江苏省社会体育指导员协会	副理事长	2006 年
董新光	男	教授	中华全国体育总会	委员	2004 年
董新光	男	教授	中国体育发展战略研究会	委员	2004 年
陆阿明	男	教授	中国体育科学学会运动生物力学分会	委员	1998 年
戴福祥	男	副教授	中国大学生体育田径协会	常务副理事长	2002 年
李佑文	男	教授	江苏省体育科学学会体质研究专业委员会	副主任	1998 年
姜瑞珍	女	教授	苏州市体育科学学会	常委	1997 年
韩荣年	男	副教授	中国大学生排球协会	理事	1997 年
韩荣年	男	副教授	苏州市排球协会裁判委员会	主任	1999 年
朱国生	男	副教授	全国高校运动医学学会	理事	1997 年

三、师资队伍建设成效显著

（一）学院师资队伍情况

十年来，体育学院着手从师资培养上下功夫，采取培养、引进、激励等多种措施改善师资队伍结构。1997 年，王家宏教授和张宏成教授被确认为江苏省"333 高层次人才培养工程"（简称"333 工程"）培养对象；1998 年邰崇禧教授、姜瑞珍教授、陆升汉教授被评为江苏省普通高校优秀体育教师；2001 年，邰崇禧教授被评为全国优秀裁判员；2004 年，邰崇禧教授被评为江苏省优秀共产党员；2006 年，王家宏教授被评为苏州市劳动模范；2007 年，王家宏教授被评为全国模范教师。

王家宏教授被授予
"全国模范教师"称号

王家宏教授参加
江苏省庆祝 2007 年教师大会

20世纪90年代末,体育学院积极鼓励青年教师攻读学位,以提高学术素养。1997年,仇军赴北京体育大学攻读博士学位,成为苏州大学体育学院第一位博士研究生。此后,分别有刘志民、陆阿明、杨卫东、戴俭慧、杨国敏、王国志、李龙、王岗、袁凌燕、王杰龙等教师到上海体育学院攻读博士学位,蔡赓到华东师范大学攻读博士学位,岳春林到四川大学攻读博士学位,罗时铭在苏州大学社会学院攻读历史学博士学位,吴明方、王维群、陈新、陶玉流、钱志强、沈勇伟、张秋霞、高凤明、罗丽在苏州大学体育学院攻读博士学位。2007年,体育学院62名专业教师中已获得博士学位的有14人、已获得硕士学位的有26人,另有8名教师正在攻读博士学位、10名教师正在攻读硕士学位。40岁以下的教师有46人,其中已获得及正在攻读博士学位的有11人、已获得及正在攻读硕士学位的有27人,占比83%。运动人体科学系除两名教师是硕士研究生学历以外,其余均为博士或博士在读。

十年间,体育学院教师除了积极从事教学、开展科研活动外,还积极参加各级各类体育赛事,值裁能力得到显著提升。体育学院教师担任各级裁判员情况如表4-7所示。

表4-7 体育学院裁判队伍一览表

项目	级别	姓名	备注
田径	国际级	邰崇禧	中国田径协会裁委会委员、江苏省田径协会副理事长
	国家级	雍明、徐建荣、田春祥、陆升汉、刘爱霞	—
	一级	张瑞业、顾季青、沈卫林、戴福祥、沈思、陈忠宇、孙金贤、许玉文、李荣、梅小龙、仲云才、朱玲珍、崔云霞、郁剑峰、屠丽芳、王平、张宝峰、刘昌亚、钟华	—
篮球	国家级	胡乔	—
	一级	王家宏、王蠡庆、程红义、朱国梁、朱建刚、陈新、钱志强	—
排球	国家级	韩永年、杜晓伟、宋元平	—
	一级	李心华、张建平、马建桥、李莉、李忠敏、鞠菁、刘亮	—
足球	国家级	胡原	—
	一级	施志社	—
乒乓球	一级	周建军	—

续表

项目	级别	姓名	备注
健美	国家级	许志安	—
体操	一级	沈钧毅、蔡庚、王玉君、任林珍	—
艺术体操	一级	陈瑞琴	—
健美操	一级	陈瑞琴、王玉君	—
武术	一级	刘立华、陈根福、曹琼瑜、李龙、张宗豪、董刚强、张君贤、王国志	—
跆拳道	一级	方勇、王国志	—
游泳	一级	潘晟、陈钢	—

(二) 学院兼职教授情况

除加强自身师资队伍建设外，体育学院还通过多种渠道吸引人才，引进紧缺人才。体育学院柔性引进了国内知名学者田麦久教授、孙民治教授，并聘请知名专家、学者担任学院的兼职教授或客座教授。

国际奥委会委员吴经国先生受聘仪式

教育部体卫艺司原司长杨贵仁（中）作学术报告

体育学院兼职教授情况如表4-8所示。

表4-8 体育学院兼职教授一览表（1998—2007）

姓名	性别	职称、职务	工作单位	聘用时间	备注
陆绍中	男	研究员	国家体育总局科研所	1998年	国务院原学科评议组成员
周西宽	男	教授、院长	成都体育学院	1998年	国务院原学科评议组成员
田继宗	男	教授	北京师范大学	1998年	国务院原学科评议组成员
邓树勋	男	教授	华南师范大学	1998年	—
叶国雄	男	教授、副院长	山东体育学院	1998年	国务院原学科评议组成员
孔庆鹏	男	教授、局长	江苏省体育局	1998年	—

续表

姓名	性别	职称、职务	工作单位	聘用时间	备注
王根伟	男	高级工程师、局长	苏州市体育局	1998年	—
杨贵仁	男	司长	教育部体卫艺司	2001年	—
殷宝林	男	副局长	江苏省体育局	2001年	—
孙曙平	男	处长	江苏省教育厅体卫艺处	2001年	—
庄惠华	男	副处长	江苏省教育厅体卫艺处	2001年	—
谢琼桓	男	司长	国家体育总局政策法规司	2001年	—
张天白	男	副司级助理巡视员	国家体育总局政策法规司	2002年	—
秦椿林	男	教授、院长	北京体育大学管理学院	2002年	—
袁绍良	男	主任医师	中医药研究所	2002年	—
杨锡让	男	教授	北京体育大学	2002年	—
傅浩坚	男	院长	香港浸会大学社会学院	2002年	—
吴经国	男	国际奥委会委员	台湾国际奥委会	2003年	—
任海	男	教授	北京体育大学	2003年	—
邱丕相	男	系主任	上海体育学院	2004年	国务院学科评议组成员
郭子斌	男	教授	美国田纳西州立大学社会学系主任	2005年	客座教授
杨桦	男	教授、校长	北京体育大学	2007年	客座教授
黄汉升	男	教授、副校长	福建师范大学	2007年	国务院学科评议组成员、客座教授
周爱光	男	教授、院长	华南师范大学体育科学学院	2007年	国务院学科评议组成员
毛振明	男	教授、院长	北京师范大学体育学院	2007年	—
季浏	男	教授、院长	华东师范大学体育与健康学院	2007年	—

四、突出中心地位,提升教学效果

2000年4月12日,中共中央总书记、国家主席江泽民为苏州大学建校100周年题词:"努力将苏州大学办成高素质创新人才的培养基地。"这一题词既是对苏州大学百年育人硕果的肯定,又为苏州大学在新时期的发展指明了方向。在2002年教育部组织的本科教学水平评估中,体育学院成绩突出,受到了教育部的表彰。2002年以来,体育学院始终坚持"以评促改,以评促建,评建结合,重在建设"的指导方针,在课程建设、教材建设、教学管理等方面得到了飞速发展,取得了显著的成绩。在2007年教育部组织的本科教学水平评估中,体育学院再一次受到专家的好评。

(一)改革教学内容和课程体系

教学内容和课程体系改革既是人才培养模式改革的落脚点,也是教学改革的重点和难点。体育学院教学内容和课程体系改革的总体思路是:(1)以邓小平理论、"三个代表"重要思想和科学发展观为指导,体现德、智、体全面发展的教育方针,紧扣培养目标与培养规格,不断提高我院人才培养质量;(2)拓宽专业口径,加强基础课程,重视应用课程,提高选修课程比例,努力培养复合型创新人才,使学生毕业后具有较强的社会适应能力与竞争能力;(3)适当缩减课程教学时数,使课程趋于小型化、课程结构更为清晰,处理好缩减课时与加强基础的关系,一方面通过教学内容改革减少重复和非基础内容,另一方面运用启发式教学引导学生独立研究,促进其创新精神的发挥,从而达到加强基础的目的;(4)打破原来以竞技运动项目为主的课程体系框架,适当增加学科课程时数,明确课程教学内容的体系与定位,传授健身方法与手段。

教学内容与课程体系的改革,首先涉及转变教育思想和教育观念这一核心问题。为此,体育学院在2003年和2004年先后两次召开教学工作研讨会,学习国家有关高等教育改革的方针政策,分析进行教学内容和课程体系改革的重要性与必要性,使教师进一步明晰了人才培养与社会发展需求的关系、基础与专业的关系、知识与能力的关系、文化学习与素质教育的关系,从而使上述改革的总体思路逐步得以贯彻实施。体育学院在此基础上,根据上述改革的总体思路和教学计划相关内容,编制或修订各专业(方向)的课程教学大纲,并认真贯彻实施。

(二)加强课程建设

课程建设是教学基本建设的核心。根据学校的布置,体育学院积极落实重点课程建设的对象和规划,并围绕教学大纲、教材、教学工作状态、教学设备条件、考试制度与师资队伍等6个方面做好重点课程的建设工作。

体育学院课程建设获奖情况如表 4-9 所示。

表 4-9 体育学院课程建设获奖一览表（1998—2007）

级　别	课程名称	年　份
江苏省一类优秀课程	人体解剖学	1998 年
江苏省二类优秀课程	田径	1998 年
江苏省二类优秀课程	排球	2000 年
苏州大学品牌专业	体育教育	2001 年
苏州大学重点课程建设优秀奖	武术	2001 年
江苏省二类优秀课程	篮球	2002 年
苏州大学核心课程群	公共体育	2003 年
江苏省品牌专业建设点	体育教育	2004 年
江苏省优秀课程群	公共体育	2004 年
苏州大学精品课程	田径	2005 年
苏州大学品牌特色专业	运动人体科学	2005 年
江苏省品牌特色专业建设点	运动人体科学	2006 年
江苏省品牌专业	体育教育	2006 年
江苏省精品课程	篮球	2007 年
国家精品课程	篮球	2007 年

在教育部颁发的《普通高校体育课程教学指导纲要》指导下，学院积极推进公共体育课程的改革和实践，始终坚持以培养学生体育兴趣、锻炼能力和习惯为教学目标，以突出健身，淡化竞技，着眼未来为教改方向，构建了以选项课教学为基础，课堂教学和课外俱乐部、体质健康标准测试相结合的课内外一体化公共体育课程新体系。2001 年，"构建苏州大学公共体育课程体系的研究和实践"被评为江苏省高等教育优秀教学成果二等奖。2002 年，公共体育课程被评为江苏省高等学校优秀课程群课程。2005 年，"新世纪高校体育新模式的研究与实践"荣获江苏省高等教育教学成果奖一等奖。

2004年苏州大学副校长殷爱荪（中）、院长王家宏（右一）、副院长戴福祥（左一）参加全国高等学校体育工作座谈会

（三）加强教材建设

教材是教学内容的主要依据，是顺利开展教学工作的基本条件，也是深化教学改革、提高教学质量的重要保证。为此，体育学院十分重视教材的使用与建设工作，进行统一归口管理。根据国内体育学科教材建设和体育学院教学改革的实际情况，结合各专业主要课程和一般课程的适用需要，目前学院主要使用由高等教育出版社出版的全国统编教材，尽可能选用省部级获奖或全国高校体育教学指导委员会推荐的教材。体育学院在支持教师参与统编教材编写的同时，也鼓励教师自编教材，不仅加强自编教材的审定工作，及时检查教材编写进度，落实出版经费，同时还推荐评优，调动广大教师编写教材的积极性，促进教材建设。

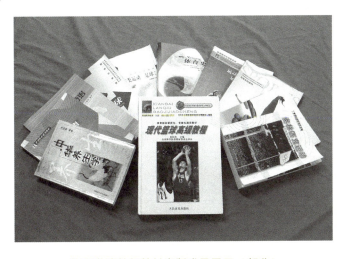

体育学院教师教材出版成果展示（部分）

体育学院教师教材编写情况如表4-10所示。

表4-10 体育学院教师教材编写部分成果统计表（1998—2007）

教材名称	主编或参编	出版社	出版时间
中学体育教材教法	邰崇禧	苏州大学出版社	1998年
田径竞赛组织与裁判	邰崇禧	苏州大学出版社	1998年
学校课余田径训练指导	邰崇禧	苏州大学出版社	1999年
人类遗传学	吴明方	高等教育出版社	1999年
奥林匹克学	罗时铭	高等教育出版社	1999年
篮球运动实用教程	孙民治 王家宏	人民体育出版社	2000年
陈式太极拳简化练法	曹琼瑜	北京体育大学出版社	2000年
大学体育	陆升汉	苏州大学出版社	2000年
运动生物力学学习指导	陆阿明	高等教育出版社	2000年
体育与健康	马建桥	江苏少儿出版社	2001年
篮球	王家宏	高等教育出版社	2001年
排球	程战铭	高等教育出版社	2001年
运动训练学	刘志民	高等教育出版社	2001年
运动生理学	王维群	高等教育出版社	2001年
体育心理学	蔡赓	高等教育出版社	2001年
学校体育学	刘小平	高等教育出版社	2001年
中华养生学	罗时铭	山西科学技术出版社	2002年
篮球裁判晋级必读	胡乔	北京体育大学出版社	2003年
篮球	王家宏、张宏成	广西师范大学出版社	2003年
高校体能教程	邰崇禧	北京体育大学出版社	2003年
大学体育新教程（健身原理与方法）	张宏成	苏州大学出版社	2003年
高级运动生理学	张林	高等教育出版社	2003年
全民健身大视野	董新光	北京体育大学出版社	2003年
篮球习题大全	王家宏	北京体育大学出版社	2004年
社会体育	董新光	人民体育出版社	2004年
现代篮球高级教程	孙民治	人民体育出版社	2005年
球类运动——篮球	王家宏	高等教育出版社	2005年
球类运动——排球	李心华	高等教育出版社	2005年

续表

教材名称	主编或参编	出版社	出版时间
足球	胡 原	高等教育出版社	2005 年
体操	汪康乐	高等教育出版社	2005 年
学校体育学	刘小平	高等教育出版社	2005 年
武术	王 岗 陈根福	高等教育出版社	2005 年
运动选材学、运动训练学、运动竞赛学	王家宏	广西师范大学出版社	2005 年
营养学	王维群	高等教育出版社	2005 年
运动生理学	王维群	高等教育出版社	2005 年
奥林匹克运动	罗时铭	人民体育出版社	2005 年
田径	邰崇禧	高等教育出版社	2006 年
大学体育新教程	张宏成	苏州大学出版社	2006 年
体育史	罗时铭	人民体育出版社	2006 年
奥林匹克学	罗时铭	高等教育出版社	2007 年

（四）改革教学方法与手段

学院积极倡导教师在改革课程教学内容的同时，辅以相应的教学方法与手段的改革，结合课程教学实践，把现代教学方法的基本理论、观点和思想引进课堂，加以实践、改造和应用，以有效地提高教学质量。如应用系统论观点辨析体育教学方法，对各种体育教学方法进行系统性和功能性的剖析与研究；运用控制论原理及程序教学法、逆向教学法、发现教学法等组织教学；通过不同专项技术动作教学的实验研究，为创新技术动作、开辟教学最优化途径提供思路和依据；对不同层次技术水平的学生采用不同的教学程序，在技术教学中，加强对学生心理状态施加影响的研究和审美教育研究；等等。这些实践都取得了良好的效果。

改革考试方法，加强考核制度的管理。采用口试与笔试相结合、开卷与闭卷相结合、平时成绩与期末考试成绩相结合、课外作业与课堂考试相结合等方法，全面检查、衡量学生学习与掌握知识的情况。术科课程考核由理论、技评、技能三部分组成，逐步加大技能考核占总成绩的比重，促使学生提高运用知识和创新知识的能力。如针对现有18门课程建立了考试试卷库和参考答案库，考试前由教务处随机抽卷，部分理论课程答卷由教师分工流水式批阅，以减少成绩评定的主观因素，尽可能做到客观公正。田径、体操、武术、球类等教研室实行了技术考核教、考分离的制度，成立技评考试小组，由非任课教师参加技评考试，统一标准，分工评分，最后汇总评定总成绩。学院课程考核制度的改革与管理，有助于解决学生高分低能现象，全面反映学生学习情况。

（五）运用双语教学、多媒体教学

学院在篮球、田径、体育科研方法、运动人体科学、武术、艺术体操、健美操等课程教学中，广泛运用电化教学手段，帮助学生尽快理解和掌握技术动作；在体育科研方法、体育绘图、奥林匹克学、体育概论、健康教育学、体育统计学、营养学等课程教学中，采用多媒体授课方式，并自行编制了这些课程教学的多媒体课件，教学时数共计约200学时。运用多媒体组织教学活动，普遍提高了教学效果，受到学生的欢迎，但从发展要求来看，学院的多媒体教学还有进一步提升的空间。目前，学院公共体育理论多媒体课件制作获学校立项和经费资助，并已全部完成。在双语教学方面，学院积极组织动员有条件的教师开设双语课程，从已开设的三门课程教学情况来看，效果显著。

为了提高教学质量和效果，学院要求教师，尤其是青年教师改革传统的教学方法，采用新的教学理念、教学模式进行授课，从而使教学内容更加丰富、教学方法更加多样。据统计，截至2007年，体育学院理论课教学运用多媒体进行授课的已达到60%，其中青年教师已达到了80%以上。

外籍教师为体育学院96级学生授课

蔡赓博士应用多媒体进行双语教学

（六）培养学生能力，强化实践环节

学院在狠抓学风建设、鼓励学生学好本专业课程的同时，积极引导学生多涉猎其他学科的知识，以拓宽视野和丰富学识，不断提高综合素质。学院坚持"厚基础、宽口径"的指导思想，强化学生基础理论和基本技能的教学与训练，注重学生的个性发展和特长发挥，加强一专多能的素质培养，使学生基础理论、基本技能的实际水平达到了较高的程度。学院先后与苏州市教育局、体育局、劳动和社会保障局，苏州市吴中区、相城区的教育局和文体局，苏州中医院，苏州大学附属第一、第二医院等单位合作建立了稳定的校外教学实践实习基地。

1. 提高学生的创新和实践能力

学院在全面提高学生素质的同时鼓励学生创新，让学生创新的技术和方法有展示的空间，并组织学生参加创业知识大赛，在实践中增长才干，不断提高学生的组织创新能力。2003年，体育学院获江苏省大学生文化艺术节街舞大赛特等奖。

全国道德模范张云泉来体育学院参观

体育学院学生参加
2003年江苏省大学生文化艺术节街舞大赛

2003年体育学院第一届迎新晚会

体育学院"梦想铸就辉煌"
2007年元旦文艺晚会

2. 精心组织裁判专业实践活动

学院从制定培养目标、改革教学方法、系统安排实践、积极培训骨干、严格组织考核和晋升裁判等级等方面着手，努力培养学生参加体育竞赛裁判工作的能力。2002年以来，学院组织学生参加了2次全国性、6次省级和10多次市级体育竞赛裁判专业实践活动，建立了7个固定的实践基地，使专业实践活动实现了规范操作和良性循环，做到设计严密、安排有序、指导具体、管理严格，既锻炼和提高了学生的能力，得到了举办单位的高度评价和赞誉，又密切了学校与社会的联系，为社会做出了应有的贡献。学院还组织专修班学生到学校其他院系开展课余训练和课外俱乐部的专业指导实践活动，培养学生的课余训练指导能力，受到了相关院系的欢迎和赞扬。

3. 改革毕业设计（论文）工作

学院采取多种措施和方法，改革学生毕业设计（论文）指导工作，努力培养学生的科研能力和创新能力。根据《体育教育专业学生毕业论文工作条例》精神，制定本科毕业论文工作日程安排，精心组织与管理本科学生毕业论文的工作内容和流程。具体做法是：改革教学内容，注重引进国内外最新研究成果充实到教学中；举办讲座活动，帮助学生了解体育学科某些领域的研究现状；选定讲师职称以上的教师作为本专业学生毕业论文的指导老师，全面负责指导学生的选题、文献资料收集和阅读、开题、调查或实验、数据资料整理与分析、论文撰写、学士学位论文答辩等流程；介绍与分析已毕业学生的优秀论文，采用启发式、讨论式、提问式的教学形式，指导学生在学习和实践中提高水平；推行导师负责制，对学生毕业论文的文献阅读、选题设计、实验研究、数据处理、论文撰写、报告答辩进行全程指导；改进评分方法，制定评分标准，综合评价成绩。学院的改革与实践取得了明显的效果，提高了学生运用知识和创新知识的能力，在培养创新型人才方面迈出了可喜的一步。

4. 组织教育实习工作

学院认真组织本专业学生的教育实习工作，修订教育实习计划，使之更符合社会发展和基础教育改革的需要。体育学院曾连续8次被评为校教育实习先进集体，涌现了一批教育实习优秀实习生和优秀指导教师。2002年以来，学院有5个教育实习小组被学校评为优秀实习点，14位学生被学校评为优秀实习生，10位教师被学校评为优秀实习指导教师，学院多次被学校授予"教育实习先进集体"荣誉称号。

5. 加强实验室、体育场馆的建设与管理

学院制定与修订课程实验教学大纲，编写实验教学进度，添置实验仪器设备，以加强实验室的建设与管理；开放实验室和体育场馆，为学生提供课外实验和活动的场所。例如，保健康复实验室全学年对学生全天开放；组织民族传统体育专业的学生在体育馆排练文体节目和进行外事活动表演训练，促进了学生运动技能的提高和全面发展。

1997年体育学院获"江苏优秀青年志愿者服务集体"称号

6. 开展青年志愿者活动

学院积极开展青年志愿者活动，使学院团员青年在实际行动中感悟人生观和价值观。学院很早就成立了青年志愿者协会，院团委一直给予具体的指导，开展了丰富多彩的志愿者活动。学院先后与葑门街道、双塔街道结成服务对子，长期坚持开展义务为社区居民提供科学的运动健身处方，为居民测量血压、心率、脉搏，以及根据居民的特点为其做科学的健身指导服务等活动。学院青年志愿者长期为学院的退休老教师服务，给予他们生活上的帮助。如学院志愿者多次为退休教师举办的老年人运动会做裁判，因专业过硬、服务态度好得到了老教师的一致好评。

（七）完善教学质量监控体系

学院运用现代化管理技术，加强教学规章制度的建设与执行，建立了主要教学环节的质量标准，制定了教学督导制度、学生教学信息员制度、看（听）课制度、青年教师课堂教学竞赛制度等，逐步完善了教学质量保障与监控体系。

教学督导聘书

（八）收获教学成果

1997年4月，江苏省教委承办的江苏省体育教育专业大学生基本功大赛在南京体育学院举行。体育学院取得了团体总分第一名的好成绩，并于8月代表江苏省参加第一届全国体育教育专业大学生基本功大赛，取得了团体总分第一名的优异成绩。1999年，苏州大学体育学院还成功承办了"99全国体育教育专业大学生基本功大赛"。

体育学院荣获"97全国体育教育专业大学生基本功大赛"团体总分第一名

以下是1997—2007年体育学院教学获奖情况（表4-11、表4-12、表4-13）。

表 4-11 体育学院教学获奖情况（1997—2007）

序号	获奖级别	名称	主持人	获奖时间
1	利苏奖教金	集体获奖	体育学院	1997 年
2	苏州大学教学成果一等奖	教改课题	张宏成	2000 年
3	苏州大学教学成果一等奖	教改课题	邰崇禧	2000 年
4	江苏省高等教育教学成果二等奖	教改课题	张宏成	2000 年
5	江苏省高等教育教学成果二等奖	教改课题	邰崇禧	2000 年
6	苏州大学教学成果一等奖	教改课题	张宏成	2004 年
7	江苏省教学成果一等奖	教改课题	张宏成	2004 年
8	江苏省教育科学优秀成果二等奖	教改项目	王家宏	2007 年
9	苏州大学教学成果一等奖	教改课题	王家宏	2007 年
10	苏州大学教学成果一等奖	教改课题	张宏成	2007 年
11	江苏省优秀硕士论文	省优秀论文	钱志强（王家宏指导）	2004 年
12	江苏省优秀博士论文	省优秀论文	赵晶（王家宏指导）	2006 年

表 4-12 体育学院教学个人获奖情况（1998—2007）

序号	名称	姓名	获奖时间
1	体育科研先进工作者	王家宏	2004 年
2	全国群众体育工作先进个人	董新光	2005 年
3	全国模范教师	王家宏	2007 年
4	第三届全国体育大会先进个人	王家宏	2006 年
5	第三届全国体育大会先进个人	李翔	2006 年
6	第三届全国体育大会先进个人	陶玉流	2006 年
7	第三届全国体育大会先进个人	刘小平	2006 年
8	第三届全国体育大会先进个人	王荷英	2006 年
9	江苏省高校体育工作先进个人	戴福祥	2004 年
10	江苏省高校体育工作先进个人	仲云才	2004 年
11	江苏省高校体育工作先进个人	林岚	2004 年
12	江苏省教学成果一等奖	张宏成	2005 年
13	第九届全国中学生运动会先进个人	王家宏	2005 年
14	江苏省优秀教练员	雍明	2007 年
15	江苏省教育厅先进个人	戴福祥	2007 年

续表

序号	名　称	姓　名	获奖时间
16	第八届大运会先进个人	戴福祥	2007年
17	苏州市劳动模范	王家宏	2006年
18	利苏奖教金	张宏成	1998年
19	利苏奖教金	陈根福	1999年
20	青年教师课堂教学竞赛二等奖	杨敢峰	1999年
21	利苏奖教金	陆升汉	2000年
22	青年教师课堂教学竞赛一等奖	林　岚	2001年
23	利苏奖教金	王维群	2002年
24	建行教学奖	邰崇禧	2002年
25	建行教学奖	汪康乐	2003年
26	苏鑫奖教金	潘　晟	2003年
27	苏鑫奖教金	何　旭	2003年
28	苏鑫奖教金	林　岚	2004年
29	苏鑫奖教金	李　莉	2004年
30	建行教学奖	吴明方	2004年
31	苏鑫奖教金	王　平	2005年
32	苏鑫奖教金	仲云才	2005年
33	青年教师授课竞赛二等奖	姚　阳	2005年
34	青年教师授课竞赛三等奖	张秋霞	2005年
35	周氏教育科研奖优秀奖	邰崇禧	2005年
36	建行教学奖	戴俭慧	2006年
37	苏鑫奖教金	周亦瑾	2006年
38	利苏奖教金	顾季青	2007年
39	苏鑫奖教金	张吉祥	2007年

表4-13 "新苗体育奖学金"获奖名单（1997—2006）

获奖时间	获奖人	备注
1997年	王家宏	教师奖
	陈新、钟华、严华、丁震平、屠丽芳、马兆成、朱利平、戴小青	特别奖
	金卫新、孙锋、金慧兰	学生奖
1999年	邰崇禧	教师奖
	陈晓霞、徐军艳、金曼	学生奖

续表

获奖时间	获奖人	备注
2001年	高凤明	教师奖
	钱志强、黄立红、孙银佳	学生奖
2003年	吴明方	教师奖
	徐军艳、朱京燕、李响	学生奖
2006年	陶玉流	教师奖
	陈哲、周波平、沈文艳	学生奖

五、训练与竞赛

(一) 招收高水平运动员

从1996年开始,苏州大学成为江苏省高水平运动员招生试点学校。2000年初春,江苏省女子举重队拟进行管理体制改革,以进一步深化体教结合、延长运动员运动寿命,探索江苏省高水平运动队读训并重的管理新模式。江苏省体委、苏州市政府、江苏省女子举重队对苏州大学进行了多方考察,最终商定江苏省女子举重队从2001年6月起由苏州市政府联合苏州大学共同承办。

2005年苏州大学被教育部批准为全国高校高水平招生学校。高水平运动队的管理体制是学校体委统一领导,实行由教务处、学生处、体育学院共同管理的教练员负责制。学校坚持把高水平运动员作为普通大学生来教育和培养,在思想认识、生活作风、行为规范、道德修养等方面严格要求,并先后制定了《苏州大学高水平运动员管理条例》和《苏州大学优秀运动员推免研究生办法》。

体育学院还与江苏省、苏州市一起联办了中长跑队、男子手球队等专业运动队,为探索体教结合、培养高水平大学生竞技运动人才提供了成功范例,培养了陈艳青、周春秀、吴静钰等一大批优秀大学生运动员。尤其是陈艳青代表苏州大学光荣地出席了中国共产党第十七次全国代表大会,在会议期间受到了胡锦涛总书记的亲切接见,并得到总书记的亲笔题词"为你加油"。

2007年11月,体育学院又与中国皮划艇运动中心签订了合作协议。双方商定由体育学院为中国皮划艇队提供长期、稳定、高效、全方位的科技服务,以确保中国皮划艇队在北京奥运会上实现金牌全面突破的战略目标。除了与运动队建立合作关系外,体育学院还积极参加国际、国内的各级体育赛事。

（二）参加高水平体育赛事

1. 江苏省运动会

1986年第十一届江苏省运动会开始设立高校部比赛暨第九届江苏省大学生运动会，四年一届。1990年第十二届江苏省运动会高校部比赛开始设本科院校（甲组）、专科院校（乙组）和体育院系（丙组）三个组，并首次在本科院校、专科院校两个组分别设立团体总分"校长杯"奖，项目有田径、艺术体操、篮球、排球等。苏州大学曾连续三届获得"校长杯"奖（表4-14）。在第十五届江苏省运动会高校部比赛中，本科院校组获得"校长杯"奖和体育道德风尚奖（代表团）两个第一名，体育院系组获得田径比赛三个团体总分第一名，并且打破3项省运会纪录，这是苏州大学历史上的最好成绩。

表4-14 苏州大学参加江苏省运动会成绩统计表（1998—2006）

届数	年份	竞赛成绩（团体总分排名）				体育道德风尚奖（代表团）	备注
		"校长杯"奖（甲组）	体育院系组（丙组）田径比赛				
			男子团体	女子团体	男女团体		
第十四届	1998年	第六名	第一名	第二名	第一名	第一名	—
第十五届	2002年	第一名	第一名	第一名	第一名	第一名	
第十六届	2006年	第三名	—	—	—	第一名	本届运动会未设丙组

2002年江苏省运动会
高校部篮球预赛（苏南赛区）

体育学院荣获2002年江苏省运动会
高校部羽毛球决赛冠军

2. 全国大学生运动会

2004年，在第七届全国大学生运动会上，苏州大学有12位同学入选江苏省体育代表团，江苏省大学生体育代表团最终获得全国团体总分第四。

2007年，在第八届全国大学生运动会上，苏州大学有26位同学入选江苏省体育代表团，获得了6枚金牌、6枚银牌、6枚铜牌的优异成绩，以184.5分位居本

王家宏院长领取全国大学生运动会"校长杯"奖

届大学生运动会参赛高校排名前 20，第一次荣获"校长杯"奖（表 4-15）。其中，体育学院的蒋婷婷在女子甲组 100 米、200 米、4×100 接力比赛中成为这三个项目的"三冠王"。在男子甲组 200 米决赛中，体育学院的陆斌同学战胜世界大学生运动会、东亚运动会冠军，著名的"眼镜侠"胡凯，获得冠军。体育学院的林向前获得男子乙组 3 000 米障碍赛冠军，陈珏和倪小丽在女子乙组 4×100 米比赛中与队友合作获得冠军。

全国大学生运动会女子短跑三冠王蒋婷婷

全国大学生运动会 3 000 米障碍赛冠军林向前

表 4-15　第八届全国大学生运动会苏州大学奖牌榜

奖牌	项目	姓名
金牌	女子甲组 100 米	蒋婷婷
	女子甲组 200 米	蒋婷婷
	女子甲组 4×100 米接力	蒋婷婷、马孝燕
	女子乙组 4×100 米接力	陈　珏、倪晓莉
	男子甲组 200 米	陆　斌
	男子乙组 3 000 米障碍	林向前
银牌	女子甲组 100 米	马孝燕
	女子乙组 100 米	陈　珏
	女子乙组 10 000 米	周春秀
	女子甲组 4×400 米接力	吴　媛
	女子乙组 4×400 米接力	王　辉、宋燕佳、倪晓莉
	男子乙组 4×400 米接力	黄　晨

续表

奖牌	项 目	姓 名
铜牌	女子乙组 5 000 米	周春秀
	女子乙组 400 米栏	王 辉
	男子甲组标枪	易建军
	男子武术枪术	吴 淞
	男子足球	李 毅、王 峰
	男子甲组 4×400 米接力	王海斌

3. 全国运动会

2005 年，在第十届全国运动会上，苏州大学有近 30 名运动员入选江苏省体育代表团，参加了举重、田径、跆拳道、手球等项目的比赛，共获得 3 枚金牌、5 枚银牌、4 枚铜牌，为江苏省体育代表团最终取得金牌数第一、总分第一的好成绩做出了重大贡献。

体育学院参加雅典奥运会的
三位同学参加校运会开幕式

4. 国际比赛

2004 年，在第二十八届雅典奥运会上，苏州大学有 3 位同学入选中国体育代表团。陈艳青参加女子 58 公斤级举重比赛，荣获金牌；周春秀、苏懿萍分别参加了女子马拉松和 100 米栏的比赛。

2006 年，在第十五届多哈亚运会上，苏州大学有 10 多位同学入选中国体育代表团，参加了举重、田径、跆拳道、手球等项目的比赛，共获得 4 枚金牌和 1 枚铜牌。陈艳青破三项世界纪录，获得女子举重 58 公斤级金牌；周春秀获得女子马拉松金牌；吴静钰获得女子跆拳道 47 公斤级金牌，这是我国跆拳道亚运史上获得的第一枚金牌；陈珏夺得田径女子 4×100 米接力金牌；林向前获得田径男子 3 000 米障碍赛铜牌。

2006 年 12 月 26 日，苏州大学举行亚运健儿回校欢迎会。会议由体育学院院长王家宏主持，学校党委书记王卓君、党委副书记夏东民、副校长路建美、校党委宣传部部长高祖林、学生处处长徐子良、教务处处长唐忠明、校团委书记孙庆民、体育学院党委书记王坤泉、商学院党委书记吴利亚、苏州市体育局副局长鲍东东等出席了欢迎仪式。

| 陈艳青 | 周春秀 | 吴静钰 |

| 王卓君书记给陈艳青颁奖 | 苏州大学举行亚运健儿回校欢迎会 | 路建美副校长给吴静钰颁奖 |

十年来，苏州大学体育学院参加了国内外多项体育赛事，培养了多名优秀运动员，取得了十分丰硕的成果，赢得了一系列殊荣（表4-16）。

表4-16 苏州大学学生参加国际性比赛成绩表（2003—2007）

年 份	比赛/项目	姓 名	名 次
2003年	菲律宾第十五届亚洲田径锦标赛女子100米栏	苏懿萍	第一名
2003年	厦门国际马拉松邀请赛女子马拉松	周春秀	第一名
2003年	新加坡国际马拉松赛女子马拉松	王 柯	第一名
2003年	世界大学生运动会女子举重58公斤级	周 燕	第一名
2004年	厦门国际马拉松邀请赛女子马拉松	周春秀	第一名
2004年	亚洲青年举重锦标赛女子举重58公斤级	周 燕	第一名
2004年	第二十八届奥运会女子举重58公斤级	陈艳青	第一名
2005年	韩国东亚马拉松邀请赛女子马拉松	周春秀	第一名
2005年	厦门国际马拉松邀请赛女子马拉松	周春秀	第一名
2005年	世界举重锦标赛女子举重58公斤级	顾 薇	第一名

续表

年　份	比赛/项目	姓　名	名　次
2006 年	第十五届亚运会女子举重 58 公斤级	陈艳青	第一名
2006 年	第十五届亚运会女子马拉松	周春秀	第一名
2006 年	第十五届亚运会女子跆拳道 47 公斤级	吴静钰	第一名
2006 年	第十五届亚运会女子 4×100 米接力	陈　珏	第一名
2007 年	伦敦国际马拉松赛女子马拉松	周春秀	第一名

在积极参加比赛的同时，体育学院还努力争取机会主办或承办各类体育比赛，以主人翁的姿态面对比赛，以坦然的心态迎接社会各界的审视与评断。1998 年，体育学院承办了江苏省高校"校长杯"乒乓球比赛。1999 年，体育学院出色完成了第二届全国普通高校体育教育专业大学生基本功大赛的承办任务。

值得一提的是，2005 年 10 月受江苏省体育局委托，体育学院成功承办了第十届全国运动会女子举重比赛。苏州大学因此被评为全国群众体育先进单位及第十届全国运动会最佳赛区，体育学院也再一次赢得了社会各界的赞誉和认可。

体育学院承办第十届
全国运动会女子举重比赛

第十届全国运动会
女子举重比赛训练场

六、对外交流与合作

除了在国内谋求合作伙伴外，体育学院还将眼光投向海峡两岸乃至国际，以求在学术上取长补短，拓宽视野。学院和美国、英国、德国、俄罗斯、日本、韩国、澳大利亚等国家，以及中国香港、台湾等地区的一些高校和研究机构建立了良好的合作关系。例如，刘志民教授先后赴泰国、英国、德国进行教学；罗时铭教授两次到日本访学。2004 年 3 月，美国田纳西州立大学查努加分校体育运动与健康系主任 E. 康迪夫博士对苏州大学体育学院进行了访问和学术交流。2005 年 3 月，体育学院院长王家宏教授、副院长张宏成教授对该校进行了回访和学术交流。通过两次富有成效的访问与交流，双方增进了了解与友谊，并最终签订了合作意向书。

2004年3月，体育学院与英国德蒙福特大学建立联合培养协作关系。双方商定，苏州大学体育学院体育系、运动系、运动生理系，以及体育新闻、体育管理和外语等专业的本科学生在完成两至三年课程并达到学校各项要求的基础上，可转入英国德蒙福特大学相关专业和课程继续深造；德蒙福特大学也将鼓励和指导学生到苏州大学相关学科与专业进行短期或长期的学习。

2007年4月，体育学院代表苏州大学与美国南新罕布什尔大学签订了合作意向书，拟在中国与美国两地开设兼具传统校园课堂内容的混合型网络课程，增进双方师资交流、学术出版物交流，以及就双方感兴趣的领域开展合作研究等。

同年9月，台北市立体育学院领导、专家一行专程来苏州大学体育学院访问，洽谈合作交流事宜。最终双方签订了互派专家、教师进行短期研究或教学训练，参与或共同举办学术研讨会，交换学术刊物等资料，交换博硕士论文等合作项目。

台北市立体育学院与苏州大学体育学院学术交流合作签约仪式

早在20世纪90年代，苏州大学体育系为了加强兄弟学校之间的友谊与合作、广泛开展业务交流、促进师资队伍建设和学科发展，与北京体育师范大学签订合作协议，每年互派一到两名教师进行访问与交流，此举开了体育学院与外界学校合作办学和交流协作的先河。1997年建院之后，体育学院不仅在自身教学科研上下苦功，还十分重视与国内外同类学校及科研机构的交流与协作。例如，1999年，体育学院与江苏省体育科学研究所签订合约，联合申报体育教育训练学专业博士点。

为了迎接2008年奥运会的召开，苏州大学体育学院开展了对奥林匹克文化的广泛研究，并取得了一定成果，受到了社会各界的广泛关注与赞誉。凭借良好的学术氛围、科研能力及所获得的骄人成绩，苏州大学体育学院逐渐与国际奥林匹克博物馆研究中心建立了合作关系。

2006年7月18日至31日，苏州大学体育学院院长王家宏、副院长李翔和社会体育部主任罗时铭等人组成的代表团应邀赴瑞士和英国进行了访问。在为期14天的访问中，代表团先后在国际奥委会、伦敦奥组委，以及剑桥大学、牛津大学、爱丁堡大学、曼彻斯特大学等6所高校进行了学术和办学方面的合作交流活动。

代表团成员在国际奥林匹克委员会总部前合影
（左一为李翔、左三为王家宏、左四为罗时铭）

体育学院访问人员
参观国际奥林匹克博物馆

在此次访问中，体育学院和国际奥林匹克博物馆研究中心的专家学者就2008年北京奥运会等重大问题及今后的研究构想进行了深入探讨，体育学院还提出了在国际奥委会的支持和指导下开展研究工作的愿望。2006年8月，经过双方的共同努力，体育学院正式与国际奥林匹克博物馆研究中心（瑞士洛桑）建立了合作关系，成为其认定的奥林匹克中国合作研究伙伴。

第五章

势起新章（2008—2024）

自1924年东吴大学初建体育专修科至今，苏州大学体育专业已历经了百年春秋。承继1997—2007年体育学院十年高速发展的势头，学院在迎来学校和社会各界多方赞誉的同时，也面临着更高层次发展要求的挑战。十多年来，在学校领导的大力扶持、学院领导班子的努力探索、全院师生的共同奋斗之下，体育学院逐步确立了"国内一流、国际知名"的发展新目标，在制度完善、学科发展、专业建设、师资队伍、人才培养、科学研究、教学成果、运动竞赛和对外交流等各个领域砥砺前行，探索出了一条遵循体育学科发展规律、服务苏州市地方政府、引领江苏省乃至长三角高校体育发展的新路子。

第一节 确立发展新格局

一、学院师资队伍基本情况

目前，学院有教职工86人，其中专任教师有57人。在专任教师中，教授16人、副教授24人、博士生导师12人、硕士生导师25人、国际级裁判6人、国家级裁判18人。现有全国模范教师1人，国务院学位委员会体育学科评议组成员1人，教育部高等学校体育教学指导委员会委员1人，江苏省"333高层次

高层次人才培养证书

人才培养工程"培养对象3人，江苏省"青蓝工程"青年骨干教师1人，享受国务院政府特殊津贴的专家1人，江苏省教学名师1人，江苏省优秀教学团队1个。

二、完善学院内部治理组织体系

为进一步落实立德树人任务、全面深化本科人才培养改革，苏州大学于2020年5月正式成立东吴学院，由公共体育、大学外语、大学数学、大学计算机、大学物理、公共化学六个系部组成。至此，公共体育系由体育学院并入东吴学院。

为更好地适应苏州大学的管理要求及体育学院的发展需求，经过调研和学习，学院对原有的组织机构进行了梳理与调整。2020年，体育学院进行了较大的机构改革，调整完善了系科、教研室、行政、群团等组织机构。将原先的系科和教研室进行合并、调整，工作职责也进行了重新部署。具体而言，系科主要负责专业建设、学生管理等相关工作，教研室主要负责教师的教学、科研、个人发展等相关工作，系科与教研室分工协作，双轨并进，共同探索更为科学的管理模式。

2024年苏州大学体育学院教职工合影

三、注重学院制度设计与建设

2015年是学院发展的重要时间节点。为了科学地研制发展蓝图，学院召开了"十三五"规划研讨会。时任体育学院院长陆阿明肯定了体育学院几代人的辛勤耕耘与斐然成绩，指出"在保护好前人成果的同时，进一步创新与发展显得尤为艰巨和迫切"。经过充分听取师生意见，学院提出了"以教学、科研、社会服务团队建设为抓手，带动中青年教师的成长，实现学科建设目标，提高人才培养质量，走以质量提升为核心的内涵式发展道路"的办学定位。

体育学院"十三五"规划研讨会

其间,学院围绕"四个全面"和"十三五"发展规划,主动对标学校"双一流"建设要求,在名城、名校融合发展战略中谋求发展机遇,不断开拓创新,关注社会健康,关注人文精神的培养,关注体育产业实体经济的发展,关注大数据时代教育的变革,不断凝心聚力,谋求与时俱进的高质量发展。

2020 年是学院发展的又一个转折性年份。2020 年 7 月,为谋求新的发展动力和机遇,学院发展建设研讨会在张家港市隆重召开。

体育学院发展建设研讨会

此次会议是在教育部即将启动全国高校第五轮学科评估和实施一流本科专业建设"双万计划"的大环境下,在学校即将试行岗位供给侧结构性改革的大背景下召开的,符合学院再出发、再发展,谋求高质量发展的需求。研讨会上,时任体育学院院长王国祥总结了"十三五"期间学院在各项工作中取得的重要成果与成绩,清醒认识并深入剖析了学院在学科发展、师资队伍建设、人才培养、一流专业建设等教学和科研方面面临的困境与问题,并就存在的问题提出了切实可行的整改措施与愿景设想。

第二节

学科建设引领人才培养

一、学科发展跻身一流

2007年,学院获批博士后科研流动站,极大地提升了学院的科研水平和学术影响力。2008年,学院获批江苏省"体育学与教育学"研究生教育创新共建平台,促进了学院与其他高校、研究机构的交流和合作,也为培养创新型体育人才提供了有力保障。2011年,体育学科获得体育学一级学科博士学位授予权。同年4月,学院依据学科建设发展的需要,成立了体育学学科建设领导委员会,并设立体育教育训练学研究中心、运动科学研究中心、体育文化与奥林匹克研究中心和武术与民族传统体育研究中心,加强学科建设、学术研究的组织与指导和学院研究生教育培养工作。

苏州大学体育学科是江苏省高校优势学科的一期优势学科、二期重点序列学科和三期优势学科。在第三轮全国高校学科评估中,学院体育学科跻身全国前17%,名列第九。在第四轮学科评估中,学院体育学科再次取得骄人成绩,被评为B+等级。在第五轮全国高校学科评估中,跻身一流学科行列。此外,苏州大学体育学科还拥有众多高端的科研平台,如国家体育总局体育社会科学重点研究基地、体能训练与机能评定重点实验室、体育产业研究基地,以及国际奥委会奥林匹克研究中心"奥林匹克研究合作伙伴"等,这些平台不仅为学科发展提供了强有力的支撑,也为师生提供了与国际接轨的科研环境和资源。

二、扎实推进人才培养

(一) 本科生专业培养

体育学院坚持"立足苏南、服务江苏、辐射全国、影响海外"的办学宗旨,以专业内涵建设为契机,以实践教学为抓手,以竞技体育为引领,以国际交流为窗口,引领体育专业的高质量发展。

目前,学院有体育教育、运动康复、武术与民族传统体育和运动训练4个本科专业。自2008年以来,四个本科专业扎实推进人才培养,招生规模日益扩大(表5-1),培养的学生获得了社会各界的广泛赞誉。学院体育教育专业的高考录取分数线稳居江苏省首位,确保了本科生源的高质量。2019年,体育教育专业入选首批国家一流本科专业建设点。同年,体育教育专业学生代表江苏省获得全国高校体育教育专业学生基本功大赛一等奖第一名。

表 5-1 2008—2023 年体育学院本科专业历年招生人数

年级	体育教育/人	运动人体科学/人	民族传统体育/人	运动训练/人	运动康复/人	武术与民族传统体育/人	合计/人
2008 级	59	22	22	77	—	—	180
2009 级	62	19	29	55	—	—	165
2010 级	70	18	29	76	—	—	193
2011 级	98	25	24	57	—	—	204
2012 级	74	17	21	61	—	—	173
2013 级	71	17	16	46	—	—	150
2014 级	83	22	—	41	—	14	160
2015 级	70	21	1	64	—	18	174
2016 级	66	1	—	52	23	18	160
2017 级	78	—	1	48	26	20	173
2018 级	74	—	—	42	26	21	163
2019 级	70	—	—	53	28	20	171
2020 级	87	—	—	46	29	22	184
2021 级	82	—	—	41	24	23	170
2022 级	88	—	—	41	26	22	177
2023 级	87	—	—	64	26	25	202

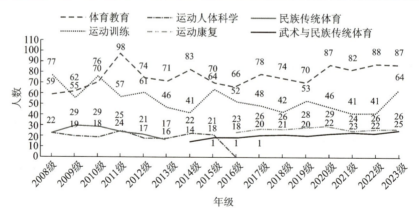

体育学院 4 个本科专业招生情况趋势图（2008—2023）

2012 年，面对不断变化的社会需求，学院主动出击，率先调整专业结构，将运动人体科学专业调整为运动人体科学专业（运动康复方向）。2015 年运动康复专业正式招生，并于 2002 年 8 月成功入选国家级一流本科专业建设点。2021 年，运动康复专业学生获得第四届全国高校运动康复专业学生技能大赛一等奖。

2019年体育学院获得全国高校体育教育专业学生基本功大赛团体一等奖第一名

2021年体育学院荣获第四届全国高校运动康复专业学生技能大赛一等奖

2015级运动康复专业团支部获得"全国五四红旗团支部"称号

体育学院团委获得"江苏省五四红旗团委（团工委）"称号

武术与民族传统体育专业学生参加"五四运动"纪念活动

运动训练专业学生参加运动技能展示活动

（二）研究生科研能力培养

1. 以课程建设为先导，立足实践教学

体育学院根据研究生教育的发展需要，制定了完整的学术型硕士研究生、专业型硕士研究生和博士研究生培养方案，建立了宽口径、厚基础、凸显创新能力培养的课程体系。学院支持跨专业、跨学科、跨院系的选课方式，以及讨论、文献阅读、读书报告等学习方式，培养学生自主学习能力及实践和科研创新能力。学院通过研究生工作站建设，实行教、学、研联合培养模式，使广大研究生能够深入体育工作实践，不断提升科研素质和实践能力。

2022年，戴俭慧教授的研究生课程"体育学原理"、王妍副教授的研究生课程"体育管理学"入选苏州大学研究生课程思政示范课程项目。2022年，陶玉流教授主授的研究生课程"体育科学研究方法高级教程"，获评江苏省研究生优秀课程。

同时，学院通过研究生课程的国际化，借助国际引领作用，实现人才培养质量的整体提升，建立与欧美（美国、捷克）等国研究生教学体系接轨的现代教学方式，形成与人才多样化需求相匹配的研究生课程教学模式。学院还不断完善教学检查和监督机制，成立了研究生培养指导委员会和研究生课程建设领导小组。小组成员由学院分管领导、学科带头人、具有丰富教学经验的研究生导师组成，实行领导听课制度和学院研究生督导组督导制度，加强对课堂教学秩序、教学档案管理等方面的检查与监督，促进研究生课程教学水平、教学质量的不断提高。

2. 以学术交流为契机，促进科研合作

学院要求研究生在读期间必须参加学术活动，要求博士生在学期间必须选听学术讲座不少于30次，硕士生在学期间必须选听学术讲座不少于15次。学院还广泛开展国内外学术交流合作，积极推进研究生培养国际化进程。学院积极组织或承办不同层次的学术会议、讲座、报告会等，并鼓励研究生积极参加导师科研课题的研究工作，积极申报各级各类研究课题，积极参加学术会议或论坛，创造学习交流的机会。近年来，学院先后邀请国内外著名专家学者来学院交流并做学术讲座。

3. 以招生就业为抓手，创新人才培养模式

学院通过学院网站、微信公众号、暑期学校等多种途径，积极拓展招生宣传，加大宣传力度，吸引优质生源，积极建立健全招生考试规章制度，完善招生工作管理和招生选拔机制。学院通过和全国体育学研究生培养单位的广泛联系，以及在校研究生的广泛宣传，加大了研究生特别是推免硕士研究生的招生宣传力度，生源质量不断提升，实现了招生规模和生源质量的历史双突破。体育学院近年来研究生招生情况如表5-2所示。

表 5-2　2008—2024 年体育学院各类研究生招生人数统计表

年级	全日制教育				非全日制教育		合计/人
	全日制硕士生/人	硕士留学生/人	全日制博士生/人	港澳台地区博士生/人	在职硕士研究生/人	非全日制硕士研究生/人	
2008 级	82	—	9	8	75	—	174
2009 级	93	—	10	7	85	—	195
2010 级	94	—	9	7	95	—	205
2011 级	95	—	11	2	95	—	203
2012 级	90	—	8	—	100	—	198
2013 级	86	1	9	—	100	—	196
2014 级	82	—	5	7	130	—	224
2015 级	83	—	4	—	75	—	162
2016 级	91	—	6	1	—	—	98
2017 级	90	—	7	1	—	24	122
2018 级	103	1	7	—	—	19	130
2019 级	98	—	9	—	—	29	136
2020 级	120	—	9	—	—	19	148
2021 级	126	1	8	—	—	—	135
2022 级	125	1	7	—	—	—	133
2023 级	129	3	6	—	—	—	138
2024 级	137	—	待定	—	—	—	137
总计	1 724	7	124	33	755	91	2 734

学院积极创新人才培养模式，制定了研究生综合素养提升计划，以提升学生综合素养为目标，创新"一二三四五"人才培养模式，以强化"学术能力培养"、教学技能训练、就业素质提升为实施重点，学院、行政管理办公室、师生"三位一体"联动推进、分类定制、精准实施，助推苏州大学体育学学科人才培养的质量提升和内涵发展。

以下是近年来学院研究生就业率情况及学位授予情况（表 5-3）。

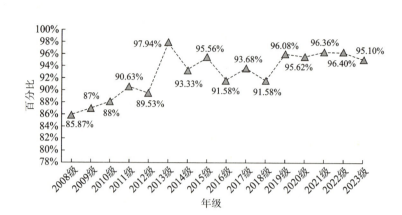

体育学院研究生就业率趋势图（2008—2023）

表 5-3　2008—2023 年体育学院各类研究生授学位人数统计表

年级	全日制教育				非全日制教育		合计/人
	全日制硕士/人	硕士留学生/人	全日制博士/人	港澳台地区博士/人	在职硕士（含高校教师硕士）/人	非全日制硕士/人	
2008 级	83	—	7	—	57	—	147
2009 级	87	—	6	—	83	—	176
2010 级	72	—	5	1	94	—	172
2011 级	88	—	7	1	74	—	170
2012 级	83	—	9	—	92	—	184
2013 级	93	—	9	—	89	—	191
2014 级	97	—	10	2	93	—	202
2015 级	84	—	9	1	86	—	180
2016 级	85	1	6	1	105	—	198
2017 级	85	—	9	—	124	—	218
2018 级	94	—	1	2	82	—	179
2019 级	97	—	6	—	19	—	122
2020 级	101	1	3	—	1	18	124
2021 级	96	—	9	—	1	8	114
2022 级	109	—	4	—	—	26	139
2023 级	118	—	8	—	—	14	140
总计	1 472	2	108	8	1 000	66	2 656

第三节
科学研究成效显著

一、课题项目立项

2016年，苏州大学体育学院在社科重大项目上实现了从无到有的历史性突破。王家宏教授主持的"中国体育深化改革重大问题的法律研究"重大项目成功获得国家社会科学基金立项，这不仅是对体育学院科研实力的高度认可，也标志着体育学院在社会科学研究领域站上了新高度。2022年，王家宏教授申请的"新时代我国体育消费高质量发展研究"重大项目再次获得国家社会科学基金立项。这一项目的成功立项，不仅再次证明了体育学院在社会科学研究领域的深厚底蕴和强大实力，也显示了体育学院紧跟时代步伐，积极回应国家重大战略需求的研究导向。

除了重大项目的突破外，体育学院在其他社会科学项目上也取得了丰硕的成果。这些项目涵盖全民健身、体育产业、竞技体育、武术文化、运动康复等多个领域，形成了多维度、全方位的社会科学研究格局。以下是近年来体育学院各类项目立项情况（表5-4）

表5-4 国家社会科学基金和自然科学基金项目立项情况表（2008—2023）

序号	年份	姓名	项目名称	项目类别
1	2008年	李龙	深层断裂与视域融合：中国传统武术进入现代视域的文化阐释	青年项目
2	2010年	熊焰	国家集训队的组织文化与运行模式创新研究	一般项目
3	2010年	罗时铭	新中国成立以来体育对外关系变革与发展的历史经验及启示研究	一般项目
4	2011年	陆阿明	依据国民体质监测数据构建不同人群健身运动分类指导的理论与实践研究	一般项目
5	2011年	王国志	中国武术的艺术化之路研究	青年项目
6	2012年	李龙	地域文化视域中传统武术文化多元化及发展对策研究	一般项目
7	2012年	陶玉流	体育强国建设背景下中国体育国际话语权研究	青年项目
8	2012年	谢正阳	城乡一体化视域下公共体育服务均等化发展实证研究	青年项目
9	2013年	李燕领	中国体育公共服务多元供给主体协同创新研究	青年项目
10	2013年	岳春林	太极拳延缓认知老年化的实证研究	青年项目
11	2014年	王家宏	我国公共体育服务标准体系研究	重点项目

续表

序号	年份	姓名	项目名称	项目类别
12	2014 年	王岗	中国武术的国家地位及社会责任研究	一般项目
13	2014 年	罗丽	运动通过激活自噬减轻线粒体损伤对老龄脑缺血再灌注发挥保护作用	青年项目（国自然）
14	2015 年	樊炳有	我国公共体育服务供给模式治理转型研究	一般项目
15	2015 年	罗时铭	近现代中国体育对外关系研究（1840—1949）	一般项目
16	2016 年	王家宏	中国体育深化改革重大问题的法律研究	重大项目
17	2016 年	戴俭慧	我国自发性群众体育组织的政府培育研究	一般项目
18	2016 年	王国志	中国武术国际化传播的问题分析与策略研究	一般项目
19	2017 年	张林	我国 70 岁以上老年人体质测试指标与评定标准研究	一般项目
20	2018 年	邱林	我国校园足球政策基层执行困境及治理路径研究	青年项目
21	2018 年	殷荣宾	基于体育核心素养的我国基础教育运动技能课程内容体系构建研究	青年项目
22	2018 年	罗丽	运动通过 Parkin 调控老年海马神经元线粒体自噬和认知功能的机制	面上项目（国自然）
23	2019 年	蔡赓	国家战略背景下的体育锻炼促进儿童青少年视力健康研究	一般项目
24	2019 年	王国祥	基于 ICF 促进重度残疾人居家康复体育锻炼手段与方法的研究	一般项目
25	2020 年	张宗豪	长三角一体化背景下的江南船拳与乡愁研究	一般项目
26	2020 年	熊瑛子	中国体育仲裁制度的生成困境与路径选择研究	青年项目
27	2021 年	樊炳有	大数据促进全民健身公共服务创新治理和转型发展研究	一般项目
28	2021 年	李龙	中华传统武术融入体育强国建设的理论与路径研究	一般项目
29	2022 年	王家宏	新时代我国体育消费高质量发展研究	重大项目
30	2022 年	戴俭慧	体育赛事审批权改革中的权力配置问题及其治理研究	一般项目
31	2022 年	李燕领	精细化治理视角下公共体育服务供给与居民获得感提升研究	一般项目
32	2022 年	刘景新	基于人工智能算法的肥胖青少年身体活动精准评估研究	青年项目
33	2022 年	董宏	体卫融合理论与实践研究	后期资助一般项目
34	2023 年	张大志	更高水平全民健身公共服务质量多维监测及实现机制研究	一般项目
35	2023 年	刘广飞	我国体育消费高质量发展的实现机制与路径研究	一般项目
36	2023 年	付冰	老年人体育健身驱动机制研究	后期资助优博项目

二、专著和教材出版

苏州大学体育学院的教师出版的百余部各类教材和专著，涉及体育史学、奥林匹克、体育教材教法、公共体育服务、运动康复保健、武术文化、体育产业和体育项目教学等多个领域，并有多部作品荣获国家级和省级的荣誉。王家宏教授撰写的《运动训练学》被评为国家"十一五"规划教材。这部教材以其科学、系统、实用的特点，为广大体育专业的学生和教练员提供了宝贵的学习与参考资源。2016年，王家宏教授撰写的《球类运动——篮球（第三版）》被评为国家"十二五"规划教材；2021年，该教材获全国优秀教材奖二等奖。此外，宋元平教授主编的《运动技能学导论（第2版）》获评江苏省研究生优秀教材。该教材以全新的视角和深入的分析，探讨了运动技能学的基本原理和方法，为研究生提供了更为广阔的学习视野和思考空间。

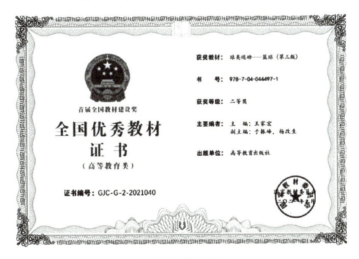

全国优秀教材证书

根据实际教学需要，学院教师还自主创编了一批教材。

以下是近年来体育学院教师出版的专著和教材情况（表5-5）。

表5-5 体育学院教师出版的部分专著和教材（2008—2023）

序号	专著和教材名称	作者	出版社	出版时间
1	奥林匹克运动概说	罗时铭	世界图书出版公司	2008年
2	中国体育思想史（近代卷）	罗时铭	首都师范大学出版社	2008年
3	体育教材教法研究	王家宏	北京体育大学出版社	2008年
4	科学健身运动指南	陆阿明	苏州大学出版社	2008年
5	体育绘图	马剑桥	苏州大学出版社	2009年

续表

序号	专著和教材名称	作者	出版社	出版时间
6	球类运动——篮球	王家宏	高等教育出版社	2009 年
7	运动训练	王家宏	广西师范大学出版社	2009 年
8	新编大学体育教程	戴福祥	苏州大学出版社	2009 年
9	中国武术技术要义	王岗	山西科学技术出版社	2009 年
10	中国武术文化要义	王岗	山西科学技术出版社	2009 年
11	医用运动生理学	张林	中国医药科技出版社	2010 年
12	田径运动（第二版）	邰崇禧	高等教育出版社	2010 年
13	体育健身原理与方法	罗丽	陕西人民教育出版社	2010 年
14	养生史话	罗时铭	社会科学文献出版社	2012 年
15	大学生健美操	陈瑞琴	苏州大学出版社	2012 年
16	中国武术环境研究	张继生	人民体育出版社	2013 年
17	中国体育哲学社会科学研究	董新光	人民体育出版社	2013 年
18	大学体育理论与实践	王全法	苏州大学出版社	2013 年
19	我国职业体育的市场准入制度	李燕领	北京体育大学出版社	2013 年
20	体育的宪法保障——全球成文宪法体育条款的比较研究	陈华荣	北京体育大学出版社	2013 年
21	功能性不稳踝关节的神经肌肉控制研究	张秋霞	北京体育大学出版社	2013 年
22	体育教学方法学	汪康乐	北京体育大学出版社	2013 年
23	奥运冠军南通现象研究	邰崇禧	北京体育大学出版社	2013 年
24	篮球运动的制胜规律	刘卫东	北京体育大学出版社	2013 年
25	跆拳道竞赛规程	张继生	人民体育出版社	2014 年
26	运动保健	王国祥	广西师范大学出版社	2014 年
27	田径（第三版）	邰崇禧	高等教育出版社	2014 年
28	运动技能学导论	宋元平	苏州大学出版社	2015 年
29	啦啦队运动的文化阐释及体育赛场啦啦队活动的组织运行模式	张庆如	北京体育大学出版社	2015 年
30	球类运动——篮球（第三版）	王家宏	高等教育出版社	2015 年
31	江南船拳文化研究	张宗豪	复旦大学出版社	2015 年

续表

序号	专著和教材名称	作者	出版社	出版时间
32	利益博弈视域下我国校园足球政策执行研究	邱林	北京体育大学出版社	2016 年
33	体育本体的文化哲学阐释	陶玉流	北京体育大学出版社	2016 年
34	奥林匹克学（第三版）	罗时铭	高等教育出版社	2016 年
35	传统射箭史话	罗时铭	社会科学文献出版社	2016 年
36	低功率激光对末端病大鼠跟腱修复作用及其机制研究	沈勇伟	北京体育大学出版社	2016 年
37	大学体育理论与实践（第二版）	王全法	苏州大学出版社	2016 年
38	竞技教练学	熊焰	苏州大学出版社	2016 年
39	骨骼肌神经调控与表面肌电图技术应用	王国祥	北京体育大学出版社	2016 年
40	我国公共体育服务体系研究	王家宏	苏州大学出版社	2016 年
41	篮球文化与篮球市场	陈新	北京体育大学出版社	2016 年
42	体育科研团队有效性研究	钱志强	北京体育大学出版社	2016 年
43	中国武术艺术论纲	吴松	北京体育大学出版社	2016 年
44	当代中国体育对外关系史	罗时铭	北京体育大学出版社	2016 年
45	体育社会组织建设与管理	戴俭慧	高等教育出版社	2016 年
46	传统武术发展与创新的多视野探究	张宗豪	中国原子能出版社	2016 年
47	体育运动伤害防护	王国祥	苏州大学出版社	2017 年
48	人体运动动作测量与分析实践指导	陆阿明	苏州大学出版社	2017 年
49	苏州体育史	罗时铭	文汇出版社	2017 年
50	人体运动生理生化评定实验教程	张林	苏州大学出版社	2017 年
51	城市体育文化记忆研究	樊炳有	苏州大学出版社	2017 年
52	中国近现代体育身体观的生成逻辑	张大志	北京体育大学出版社	2017 年
53	近代西学东渐背景下的远东运动会与近代东亚社会的发展	王妍	北京体育大学出版社	2017 年
54	中国武术的艺术化之路	王国志	北京体育大学出版社	2018 年
55	运动性骨疲劳研究	张林	北京体育大学出版社	2018 年
56	低功率激光促进大鼠急性骨骼肌钝挫伤再生与修复的机制研究	罗丽	北京体育大学出版社	2018 年
57	多维视野下的空手道研究	杨敢峰	北京体育大学出版社	2018 年

续表

序号	专著和教材名称	作者	出版社	出版时间
58	乒乓球技战术三维评估模型的构建与应用	杨青	北京体育大学出版社	2018年
59	国民体质监测与健身运动分类指导	陆阿明	苏州大学出版社	2018年
60	体育竞赛学	王家宏	高等教育出版社	2019年
61	中国武术英语教程	张宗豪	苏州大学出版社	2019年
62	运动损伤与康复	王国祥	高等教育出版社	2019年
63	氢分子医学与运动	张林	北京体育大学出版社	2019年
64	我国基础教育运动技能课程内容选择研究	殷荣宾	北京体育大学出版社	2019年
65	国际体育仲裁院裁决的审查与启示	熊瑛子	北京体育大学出版社	2019年
66	科学健身——如何选择运动项目	陆阿明	苏州大学出版社	2020年
67	幸福舞起来——大众广场舞	陈瑞琴	苏州大学出版社	2020年
68	大众气排球	宋元平	苏州大学出版社	2020年
69	太极拳延缓认知衰退研究：基于脑科学	岳春林	上海交通大学出版社	2020年
70	中国体育公共服务多元供给主体协同创新研究	李燕领	经济科学出版社	2020年
71	放飞自我——健身走跑运动	徐建荣	苏州大学出版社	2021年
72	公共体育服务合同外包中政府责任及其实现机制	李燕领	苏州大学出版社	2021年
73	幼儿智慧体育课程	王家宏	苏州大学出版社	2021年
74	长三角体育公共服务一体化战略目标及推进策略研究	刘昌亚	苏州大学出版社	2021年
75	运动技能学导论（第3版）	宋元平	苏州大学出版社	2021年
76	我国职业足球青训与校园足球深度融合研究	邱林	苏州大学出版社	2021年
77	由自治到善治：国际体育纠纷的仲裁实践与司法干预研究	熊瑛子	人民体育出版社	2021年
78	中国武术记忆	李龙	苏州大学出版社	2021年
79	体育产业发展理论、政策与地方实践	李燕领	人民体育出版社	2021年
80	体育运动伤害防护（第2版）	王国祥	苏州大学出版社	2022年
81	我国公共体育服务标准体系研究	王家宏	高等教育出版社	2022年
82	北桥船拳	张宗豪	江苏凤凰教育出版社	2022年

续表

序号	专著和教材名称	作者	出版社	出版时间
83	乒乓球教学训练与科研	杨青	苏州大学出版社	2022年
84	公共体育服务供给"江苏模式"研究	樊炳有	苏州大学出版社	2022年
85	我国公共体育服务财政投入研究	李燕领	上海交通大学出版社	2022年
86	康复理疗仪器与训练设备使用操作指导	李爱萍	人民体育出版社	2022年
87	我国公共体育信息服务标准体系研究	丁青	人民体育出版社	2023年
88	大学体育新教程	杨敢峰	苏州大学出版社	2023年
89	健美操、啦啦操运动教程	陈瑞琴	苏州大学出版社	2023年
90	剑道教学与科研	杨敢峰	苏州大学出版社	2023年

三、科研成果获奖

2018年，王家宏教授的"我国公共体育服务体系研究"项目成果获江苏省第十五届哲学社会科学优秀成果奖一等奖。

2020年，王家宏教授的"我国公共体育服务体系研究"项目成果获第八届高等学校科学研究优秀成果奖二等奖，教材《球类运动——篮球》（第三版）获首届全国教材建设奖二等奖。此外，体育学院教师还荣获江苏省第十六届哲学社会科学优秀成果奖三项，其中：王国祥教授的"ICF视野下我国高校运动康复专业本科人才培养的思考"项目成果获二等奖；陶玉流教授的"中国职业足球联盟建立的原则、基础与思路"项目成果获二等奖；戴俭慧教授的"政府购买体育公共服务的理论与实证研究"项目成果获二等奖。

江苏省第十六届哲学社会科学优秀成果奖获奖证书

2023年，体育学院教师荣获江苏省第十七届哲学社会科学优秀成果奖三项，其中：王家宏教授的"中国体育深化改革相关法律问题研究"项目成果获一等奖；陶玉流教授的"基于百度指数的我国体育旅游网络关注度研究"项目成果获二等奖；樊炳有教授的"新时代我国公共体育服务供给治理转型研究"项目成果获三等奖。

江苏省第十七届哲学社会科学优秀成果奖获奖证书

表 5-6 为近年来体育学院教师科研获奖情况。

表 5-6　体育学院教师科研获奖情况（2016—2023）

奖项级别	奖项名称	获奖人	获奖等级	年份
国家级	第八届高等学校科学研究优秀成果奖	王家宏	二等	2020 年
	首届全国教材建设奖	王家宏	二等	2020 年
	第六届全国教育科学研究优秀成果奖	王家宏	一等	2022 年
	中国体育科学学会科学技术奖	王家宏	三等	2015 年
	中国体育科学学会科学技术奖	罗丽	三等	2018 年
省部级	江苏省第十五届哲学社会科学优秀成果奖	王家宏	一等	2018 年
	江苏省第十六届哲学社会科学优秀成果奖	王国祥	二等	2020 年
	江苏省第十六届哲学社会科学优秀成果奖	陶玉流	二等	2020 年
	江苏省第十六届哲学社会科学优秀成果奖	戴俭慧	二等	2020 年
	江苏省第十七届哲学社会科学优秀成果奖	王家宏	一等	2023 年
	江苏省第十七届哲学社会科学优秀成果奖	陶玉流	二等	2023 年
	江苏省第十七届哲学社会科学优秀成果奖	樊炳有	三等	2023 年
市厅级	苏州市第十二届哲学社会科学优秀成果奖	邱林	二等	2016 年
	苏州市第十四届哲学社会科学优秀成果奖	杨青	一等	2018 年

四、承办学术会议

2008 年 11 月，体育学院与学校研究生部联合举办了以"中国体育：创新与发展"为主题的第五届全国青年体育科学学术会议暨第二届中国体育博士高层论坛和 2008 年江苏省体育博士研究生学术论坛。全国 19 家体育学博士单位 250 余名体育学博士及青年学者参加了此次会议。本次论坛在形式上进行了创新改革，即由青年学者和体育博士作为论坛的主讲人，专家作为评述者，会场以互动为主，注重研讨氛围。

"中国体育：创新与发展"学术研讨会

2011年6月，首届东吴体育博士论坛在苏州大学红楼学术报告厅开幕。该论坛由学校研究生部和体育学院共同主办。论坛以加强苏州大学体育学院博士研究生与其他学院、学校之间的学术交流与业务交往，提升博士研究生的科研贡献率为基本宗旨，充分依托国内各高校学科优势，为我国体育学科博士研究生提供高层次、宽领域、多视角和最前沿的学术交流平台，拓宽学术视野，活跃学术思想，鼓励知识创新，推动博士研究生群体共享国内乃至国际各类优质教育资源。第二届、第三届、第四届、第五届东吴体育博士论坛分别于2013年、2019年、2021年和2023年在苏州大学召开，东吴体育博士论坛成为国内体育学术界的一项标志性系列会议。

第三届东吴体育博士论坛

第四届东吴体育博士论坛

2013年11月，为了贯彻落实《教育部 国家发展改革委 财政部关于深化研究生教育改革的意见》和国务院学位委员会第三十次会议的精神，提高体育学博士生教育质量，由国务院学位委员会体育学学科评议组主办，苏州大学承办，苏州大学研究生院、体育学院协办的第四届体育学博士生导师论坛在苏州大学举行。这次论坛活动进一步加强了体育学院与各兄弟院校的交流，增进了与各兄弟院校的友谊，对更新研究生教育理念、拓宽人才培养视野、把握研究生教育改革动态、明确近期工作的方向和目标具有重要的参考价值。

第四届体育学博士生导师论坛

2013年12月，为推动我国体育产业理论研究的创新与发展，探讨全面建成小康社会进程中我国体育产业发展的理论问题与实践问题，由中国体育科学学会体育产业分会主办、苏州大学体育学院承办的以"中国梦——我国体育产业的发展与构想"为主题的第七届全国体育产业学术会议在苏州大学隆重召开。为了推动学术会议改革、力求与实业界建立密切联系，本届会议专门开辟了以"挑战·融合·共赢"为主题的企业家论坛，这也是本届会议推陈出新、改革会议形式的一个创新之举。

第七届全国体育产业学术会议

2015年3月14日，江苏体育产业协同创新中心理事会成立大会暨2015年工作会议在学校本部红楼会议中心召开。江苏体育产业协同创新中心是为适应国家创新驱动发展战略、推进体育产业发展的迫切需要，由江苏省体育局和苏州大学共同发起创建。会议审议通过了理事会和专家委员会组成人员名单，审议通过了理事会章程。江苏省体育局按照与苏州大学签订的战略合作协议内容，加大对江苏体育产业协同创新中心、联办运动队建设的支持力度，努力拓展合作内涵，为建设体育强省做出更大贡献。

2016年10月20日至22日，为适应新形势下体育治理、体育公共服务体系建设、体育产业发展和健康中国建设的现实需求，在推进高等体育教育改革的背景下，由中国体育科学学会体育社会科学分会和成都体育学院期刊部主办、苏州大学体育学院和江苏体育产业协同创新中心承办的"2016年体育学科发展青年论坛"学术交流活动在苏州大学举行。来自全国约40所高校的80余名专家学者参加了本次学术交流活动。

2016年体育学科发展青年论坛代表合影

2017年7月21日，由国家体育总局篮球运动管理中心、中国篮球协会、苏州大学主办的第四届中国篮球文化论坛暨篮球运动发展国际研讨会在苏州大学举行。论坛以"改革与创新"为主题，围绕进一步深化中国篮球改革，促进中国篮球文化建设和中国职业篮球健康可持续发展展开研讨。国家体育总局副局长李颖川出席会议，并与中国篮球协会主席姚明、篮球管理中心主任李金生、苏州大学党委书记江涌共同为中国篮球协会篮球文化研究中心揭牌。

第四届篮球文化论坛暨篮球运动发展国际研讨会

2020年10月16日至18日，苏州大学体育学高层次人才培养发展论坛暨体育学博士研究生教育20周年研讨会在苏州大学召开。学院体育学专业首届博士生许永刚、张雄，2005级博士生杜伟发来视频，对母校120周年校庆和体育学博士研究生教育20周年致以热烈的祝贺和诚挚的祝福。博士生代表、全国优秀博士学位论文获得者、上海大学体育学院副院长魏磊回顾了在母校三年与导师和同学的学习生活经历，表达了对母校的深切怀念和祝福。

苏州大学体育学高层次人才培养发展论坛开幕式

2021年12月10日，由苏州大学江苏体育健康产业研究院、苏州大学东吴智库、苏州大学体育学院共同主办的"2021体育与健康产业发展论坛"在苏州大学天赐庄校区召开。此次论坛以"推动协调发展，共创美好生活"为主题，围绕高校携手政府和企业，充分发挥政产学研一体化在推动体育与健康产业发展中的重要作用展开研讨。在与会人员的共同见证下，江苏省体育产业集团有限公司与苏州大学体育学院、苏州大学江苏体育健康产业研究院、苏州三六六教育投资有限公司分别进行了签约合作仪式。合作方将在进一步加深了解的基础上深入合作，通过强强合作，集聚资源，集中目标，集成创新，共同推动江苏体育产业与健康产业高质量发展。

2021 体育与健康产业发展论坛

2023 年 11 月 17 日至 19 日，苏州大学第八届江苏省大学生体育健康产业创新创业大赛由江苏省大学生体育健康产业创新创业联盟、江苏省高校体育教学指导委员会主办，苏州大学体育学院、苏州大学体育科技与健康国家体育科普基地承办。本次大赛复合性和多样性兼具，不仅为省内各高校创新创业人才提供了项目展示及学习交流的良好平台，充分激发了青年学子的创业热情，而且有利于促进政产学研用一体化建设，为培养更多具有创新意识和创业实践能力的应用型体育人才，挖掘更多潜力强、品质优、前景好的创新创业项目，从而深入推动江苏省体育产业高质量发展奠定了坚实的基础。

第八届江苏省大学生体育健康产业创新创业大赛

2023 年 12 月 9 日，为落实党中央加快建设文化强国、教育强国、人才强国、体育强国重大战略部署，探讨高等院校在培养体育人才、传播体育文化、服务经济社会发展和体育强国建设中的地位和作用，展示高等院校体育教育成就，前瞻体育人才培养、体教融合、体育培训发展新方向，"2023 中国体育文化博览会　中国体育旅游博览会"高等院校校长论坛在苏州举行。本次中国体育文化博览会由国家体育总局、中国奥委会主办,中国体育旅游博览会由中华全国体育总会、中国奥委会和中国旅游协会主办。本次高等院校校长论坛由苏州大学体育学院承办,苏州大学东吴体育智库首席专家、校特聘教授王家宏主持论坛。

"2023中国体育文化博览会 中国体育旅游博览会"高等院校校长论坛合影

2023年12月15日至18日,由江苏省教育学类研究生教育指导委员会、江苏省高校体育教学指导委员会、苏州大学主办,苏州大学东吴体育智库、苏州大学江苏体育健康产业研究院、苏州大学体育学院承办的苏州大学体育学研究生国际学术创新论坛、第十一届江苏省体育学研究生教育创新论坛、第五届东吴体育博士论坛在苏州大学天赐庄校区顺利举行。来自海内外体育院校的30余名专家学者齐聚苏州大学,共同探讨体育科学领域的最新进展与发展趋势,为新时代体育学科的发展破解难题、凝聚共识、贡献力量。

体育论坛活动合影

2024年3月23日，中国法学会体育法学研究会第四届理事会第三次全体会议暨体育法治学术研讨会在苏州大学召开，中国法学会副会长张苏军、国家体育总局副局长张家胜、政法司司长褚波、反兴奋剂中心主任李志全，以及来自全国各地的体育法学专家80余人共同出席。

中国法学会体育法学研究会第四届理事会第三次全体会议暨体育法治学术研讨会合影

2024年6月6日，为深入学习领会习近平总书记关于新质生产力的重要论述，进一步推动体育事业的高质量发展，提升高层次体育人才的培养质量，由苏州大学体育学院主办的"新质生产力助推体育学科建设研讨会暨苏州大学体育专业创办100周年高层次学术活动启动仪式"在苏州大学天赐庄校区顺利举行。来自国内高校的20余名专家学者出席会议，共谋新质生产力在体育领域的理论研究与实践探索，探讨体育学科建设的新思路、新路径与新模式。

新质生产力助推体育学科建设研讨会暨苏州大学体育专业创办
100周年高层次学术活动启动仪式合影

五、决策咨询规划

2021年是我国正式进入"十四五"规划的开局之年。从这年起,苏州大学体育学院教师积极主动参与政府组织的各类活动,如研讨会、座谈会、项目评审会等。苏州大学体育学院的教师充分发挥自身的专业优势,深入了解政府在体育领域的需求和期望,将最新的研究成果与方法经验融入政策咨询和决策过程(表5-7),通过学术研究在学院与政府决策之间建立起桥梁和纽带,为政府决策带来新的视角和思路,为政策制定提供科学依据和理论支持,为解决复杂多变的社会问题提供可行的方案。学院教师的成果曾获得多位领导的肯定性批示,提升了政府在体育领域决策的科学性和前瞻性。

表 5-7 体育学院教职工决策咨询规划登记表

序号	年份	作者	刊名	题目	备注
1	2021	王家宏	《体育工作情况》	《世界反兴奋剂条例》(2021年版)生效背景下提升我国反兴奋剂工作的若干建议	国家体育总局副局长李建明批示
2	2021	王家宏	《中国体育报》	坚持建设中国特色社会主义法治体系 建立完善依法治体制度规范	—
3	2021	王家宏	《中国体育报》	加强体育行业作风建设 营造风清气正行业环境	—
4	2021	王家宏	《苏州市人民政府内参》	关于建设具有国际影响力的体育名城的政策建议	—
5	2022	王家宏	《调研通报》	构建体卫融合健康服务体系的政策建议	苏州市委书记曹路宝批示
6	2022	黄鹏	《调查研究报告》	发挥苏州优势高质量推进长江文化公园建设	—
7	2022	杨敢峰	《调研通报》	关于加强青少年近视预防的政策建议	苏州市市长吴庆文批示
8	2023	陶玉流	《决策咨询专报》	加快发展赛事经济,打造特色体育名城	苏州市委书记曹路宝批示
9	2024	王家宏	《体育工作情况》	关于推进国家体育消费活力城市建设的政策建议	国家体育总局副局长李颖川的肯定性批示
10	2024	王家宏	《智库专报》	以新质生产力引领江苏体育消费高质量发展的对策建议	报江苏省委、省人大、省政府、省政协领导审阅

六、体育专利申请

为进一步适应体育市场的需求、促进科研成果创新转化,体育学院师生的体育专利申请数量逐步增加(表5-8)。这些专利在实际应用的过程中,不仅促进了相关体育设备器材的开发和体育技术的进步,还为社会创造商业价值,推动体育产业发展。

表 5-8　体育学院部分专利情况表

序号	专利名称	类型	完成人
1	一种包含偏转度检测控制系统的力量平衡训练器 [P]. 江苏省:CN103111064B,2015-08-19.	发明专利	陆阿明、王国栋、雍明
2	一种基于双频 RFID 技术的竞赛计时系统 [P]. 江苏省:CN204576627U,2015-08-19.	发明专利	王国栋、雍明、黄焕茂等
3	一种球类测速系统 [P]. 江苏省:CN204679520U,2015-09-30.	实用新型	王国栋、雍明、张娃等
4	用于远度跳跃项目的距离测量装置 [P]. 江苏省:CN103245336B,2015-10-28.	发明专利	雍明、王国栋、汪涛等
5	一种竞速比赛用电子计时设备 [P]. 江苏省:CN102831664B,2016-08-03.	发明专利	雍明、王国栋、汪涛
6	一种基于 RFID 技术的比赛影像自动拍摄并匹配的系统和方法 [P]. 江苏省:CN110795576A,2020-02-14.	发明专利	王国栋、雍明、毛晓锟等
7	一种龙舟起航控制器 [P]. 江苏省:CN210852795U,2020-06-26.	实用新型	张磊、雍明、王国栋等
8	一种贴放于自行车车座管的计时芯片固定装置 [P]. 江苏省:CN210852744U,2020-06-26.	实用新型	毛晓锟、王国栋、雍明
9	一种绕圈训练辅助设备 [P]. 江苏省:CN210904884U,2020-07-03.	实用新型	王国栋、张力、雍明等
10	一种仰卧起坐垫子组件 [P]. 江苏省:CN211068900U,2020-07-24.	实用新型	毛晓锟、张力、雍明等
11	一种场地自行车起跑架 [P]. 江苏省:CN211069037U,2020-07-24.	实用新型	雍明、王国栋、张力等
12	一种马拉松赛事喷雾降温装置 [P]. 江苏省:CN211156624U,2020-08-04.	实用新型	雍明、于翔、王国栋等
13	一种竞速赛道计时系统 [P]. 江苏省:CN112435362A,2021-03-02.	实用新型	王国栋、雍明、毛晓锟等

续表

序号	专利名称	类型	完成人
15	一种基于面阵、线阵功能切换的终点摄像计时系统 [P]. 江苏省：CN110740233B，2021-05-18.	发明专利	雍明、王国栋、张力等
16	一种适用于夜跑赛事的多功能投影计时钟 [P]. 江苏省：CN213690252U，2021-07-13.	实用新型	毛晓锟、王国栋、雍明等
17	一种基于智能TOF深度相机的体能测试设备 [P]. 江苏省：CN213688227U，2021-07-13.	实用新型	毛晓锟、王国栋、雍明等
18	一种径赛有源发令器 [P]. 江苏省：CN214074990U，2021-08-31.	实用新型	王国栋、毛晓锟、雍明等
19	一种摸高成绩测量设备 [P]. 江苏省：CN214484484U，2021-10-26.	实用新型	王国栋、毛晓锟、雍明等
20	一种基于改进型游程编码的线阵图像数据压缩方法 [P]. 江苏省：CN110636308B，2022-05-10.	发明专利	雍明、汪涛、毛晓锟等
21	一种竞速赛道撞线检测方法、装置以及设备 [P]. 江苏省：CN112494918B，2022-06-07.	发明专利	雍明、王国栋、张力等

七、社会合作交流

为更充分发挥高校智库的作用，掌握政府部门、社会企业在体育领域的需求和动态，为其提供有针对性的研究建议和方案，苏州大学体育学院通过签订战略合作协议、设立产学研基地等方式，不断强化与社会企业、政府部门的合作关系，在共同推进体育相关领域研究的同时，也为推动地方体育事业的发展做出了积极贡献。近年来，体育学院的社会服务项目情况如表5-9所示。

表5-9 体育学院社会服务项目一览表（2012—2023）

序号	年份	姓名	课题名称
1	2012年	雍明	田径远度跳跃项目摄像测距系统（VDM）开发
2	2012年	王国祥	吴静钰备战伦敦奥运会控制和预防运动损伤的应用研究
3	2012年	罗时铭	武术挖掘整理资料研究
4	2012年	董新光	全民健身公共服务体系的框架与内容研究
5	2012年	张林	电动动物跳跃训练器的研发与应用
6	2012年	张林	氢水对优秀运动员运动性氧化损伤的保护作用
7	2013年	雍明	体育赛事信息管理系统
8	2014年	陶玉流	昆山市大型体育赛事市场开发研究

续表

序号	年份	姓名	课题名称
9	2014年	罗时铭	200余项体育项目知识展览大纲编写
10	2014年	罗时铭	苏州体育与奥林匹克展览大纲
11	2014年	罗时铭	苏州体育史（当代）展览大纲
12	2014年	罗时铭	袁伟民专题展厅展览大纲编写
13	2014年	王杰龙	优秀青少年曲棍球运动员竞技能力结构及选材研究
14	2014年	鲍捷	消防部队战训体能特征与训练科学化研究
15	2015年	王家宏	江苏省体育产业发展"十三五"规划编制
16	2015年	陶玉流	吴江区公共体育服务体系示范区建设
17	2015年	王国祥	特殊儿童功能性水疗康复方案优化及其相关机理研究项目
18	2015年	王国祥	2014年度吴江区中小学生体质测试数据分析
19	2015年	王国祥	2014年度苏州市中小学生体质测试数据分析
20	2015年	陆阿明	运动健康管理的理论与实践研究
21	2015年	陆阿明	苏州市体育科研"十三五"发展规划
22	2015年	戴俭慧	《苏州市全民健身实施计划（2011—2015年）》实施效果评估
23	2016年	王国栋	综合模块计时系统软件开发
24	2016年	雍明	公路自行车计时系统硬件开发
25	2016年	雍明	江苏省体育局体育赛事评估指标体系的研制
26	2016年	王国祥	2015年度苏州市中小学生体质测试数据分析
27	2016年	熊焰	沭阳县青少年足球运动推广与综合服务
28	2016年	熊焰	备战里约奥运会女子自行车中长距离重点运动员的科技服务与保障研究
29	2017年	陶玉流	苏州太湖国家旅游度假区体育特色小镇建设概念规划
30	2018年	鲍捷	康复医院康复科建设理论与实践协作研究
31	2018年	鲍捷	物理治疗设备结合康复新技术联合使用研究
32	2018年	陶玉流	常熟市《关于加快发展健身休闲产业的实施意见》编制
33	2018年	陶玉流	创建江苏省体育局2018年度体育休闲特色小镇
34	2018年	鲍捷	康复医院康复科建设理论与实践协作研究
35	2019年	陶玉流	基于百度指数对我国马拉松网络关注度研究
36	2019年	张宗豪	江南船拳与运河文化
37	2019年	王国祥	东吴足球俱乐部运动员运动损伤防控与康复训练
38	2019年	王国祥	2018年苏州市学生体质监测数据处理分析

续表

序号	年份	姓名	课题名称
39	2019 年	雍明	高速重点摄像计时（黑白系统）解析及周设升级
40	2019 年	张庆	妇幼健康及产后康复的科学方法研究
41	2019 年	王家宏	三星电子健康中心委托运营费
42	2019 年	陆阿明	苏州市体育中心运行现状分析与管理模式研究
43	2019 年	鲍捷	速度滑冰国家集训队（跨项组）科技攻关服务
44	2019 年	樊炳有	国家体育产业联系点城市（苏州）建设指标体系编制
45	2020 年	鲍捷	"关于合作组成网球专项保障小组的合同项目"研究
46	2020 年	王家宏	学生体质健康评价与干预模型研究
47	2020 年	王家宏	苏州大学-金羲智慧科技协同中心项目
48	2020 年	戴俭慧	昆山市居民体育活动参与情况调研
49	2020 年	王家宏	苏州市体育发展"十四五"规划
50	2020 年	樊炳有	国家体育产业联系点城市（苏州）建设工作评估报告
51	2020 年	陶玉流	新形势下苏州体育中心功能与定位
52	2020 年	陶玉流	苏州市足球发展"十四五"规划
53	2021 年	鲍捷	南京体育学院所需羽毛球体能训练及医疗康复服务
54	2021 年	张秋霞	上海永慈康复医院校企合作协议
55	2021 年	李燕领	苏州市体育产业发展"十四五"规划
56	2021 年	张大志	太仓市全民健身及体育产业"十四五"发展规划
57	2021 年	樊炳有	《国家体育消费试点城市（苏州）工作指标体系》编制
58	2021 年	张大志	"沉浸式"运动干预戒除毒瘾的应用研究及课程研发
59	2021 年	张秋霞	医学运动处方关键技术研究
60	2021 年	李燕领	张家港市"十四五"体育产业发展规划
61	2021 年	张大志	太仓市居民参与体育锻炼情况调查、太仓市公共体育设施建设专项规划（2021—2025）
62	2021 年	王家宏	《吴江区全民健身实施计划（2021—2025 年）》
63	2021 年	张大志	相城区省级体育消费城市试点专题研究
64	2021 年	张秋霞	苏州"萌想家"儿童动作发育评估与发展促进
65	2021 年	张庆	儿童青少年健康评价与运动干预研究
66	2021 年	刘广飞	《吴江区水上运动发展规划（2021—2025 年）》
67	2021 年	鲍捷	关于康复医学科科研委托课题合同
68	2021 年	陶玉流	体育名师工作室推动区域体育教学提高的研究

续表

序号	年份	姓名	课题名称
69	2021年	雍明	苏州大学-上海和谦图像技术有限公司校企共建研发中心共建协议
70	2022年	陆阿明 杨敢峰	苏州高新区户外运动发展规划
71	2022年	陆阿明	苏州市构建更高水平的全民健身公共服务体系工作方案起草项目
72	2022年	陈瑞琴 戴俭慧	2021年昆山市体育锻炼参与率调研
73	2022年	鲍捷	浙江省攀岩队备战巴黎奥运会第一期集训营保障服务
74	2022年	鲍捷	国家体育总局登山运动管理中心【备战2022杭州亚运会医疗保障与损伤康复治疗科技】服务项目
75	2022年	鲍捷	姑苏区残疾儿童"医-教-家"三位一体康复服务助残项目2.0版
76	2022年	李燕领	昆山市体育产业专项发展规划暨三年行动方案（2023—2025年）
77	2023年	鲍捷	苏州高新区中医医院人文社科科学项目合同
78	2023年	罗丽	运动模拟剂在神经系统疾病中的生物学功能与机制
79	2023年	王国祥	1. 运动干预修复男性甲基苯丙胺成瘾人群大脑奖赏环路机制研究； 2. 基于ICF药物依赖人群居家康复体育锻炼的研究
80	2023年	杨敢峰	强化多感官刺激的太极拳练习对AD源MCI老年人群记忆力的影响研究
81	2023年	张庆	"全国青少年科学健身指导普及"青少年健身科普活动

第四节

教学改革成果显著

一、教学改革

（一）以课程思政建设为改革方向

党委牵头，引领课程思政活动开展。体育学院始终坚持思想引领，规范开展学校、学院各项党员活动；借助基层党组织，党校、团校、文辉大讲堂、青马工程等平台，开展思想政治教育活动。近年来，学院积极响应教育部、学校有关"课程思政"的建设要求,由学院党委牵头,引领全院师生开展课程思政改革建设工作。建设工作围绕教师、学生两条线同步开展,教师方面突出体育精神、师风师德建设;学生方面突出职业信仰、体育理念建设。通过近五年的精心培育,学院师生的精神面貌优良,工作(学习)干劲十足,形成了积极向上、人心汇聚的发展氛围。

奥运冠军郑姝音讲授信仰公开课

青年教师讲授信仰公开课

全员参与,推进课程思政示范建设。为了更科学、更全面、更深入地推进体育课程思政全覆盖,学院党政领导班子经过多次商议后制定了《体育学院课程思政实施方案》(2021年)、召开了体育课程思政推进会,并组建体育育人课程开发团队,以实际行动推进"全员思政、全课程思政",努力把思政教育工作贯穿人才培养全过程。

体育学院召开本科人才培养质量提升暨体育课程思政推进会

在苏州大学教务处、研究生院的大力扶持及全院教师的聚力探索下,数年间学院建设了72个体育育人课程数字资源,组建了11个思政课程教学团队,3门本科专业课程、5门研究生专业课程入选校级课程思政示范课程(表5-10),2位教师获课程思政教学大赛一等奖和三等奖(表5-10、表5-11)。

表 5-10　校级课程思政示范课程一览表

立项时间	课程类型	项目名称	项目主持人
2020 年	本科专业教育课程	体育史	王妍
2021 年	本科专业教育课程	田径（一）	钟华
2021 年	本科专业教育课程	武术	杨敢峰
2020 年	研究生专业课程	体育科研方法	陶玉流
2021 年	研究生专业课程	体育心理学理论与方法	殷荣宾
2022 年	研究生专业课程	体育管理学	王妍
2023 年	研究生专业课程	体育学原理	戴俭慧
2024 年	研究生专业课程	体育新闻报道	张大志

表 5-11　校级课程思政课堂教学竞赛获奖名单

获奖时间	参赛课程名称	姓名	等级
2020 年	网球	高超	三等奖
2021 年	乒乓球	杨青	一等奖

（二）以本科教学评估为改革指南

2007 年，苏州大学启动本科教学评估工作，提出"以评促改"的工作模式，全面改革完善本科教学质量。由此，体育学院四个本科专业迎来了又一轮改革与发展。同年 11 月，时任分管教学工作的苏州大学副校长蒋星红率教务处、人事处、招生就业处、学生工作处等部门的领导和专家对学院进行了全方位的工作指导，并对学院的教学工作进行了全面预评估。此次会议的重要意义在于，会议专家经过论证，明确了体育学院本科教学的发展突破点和核心竞争力，即体育学院本科教学历史悠久，应在文化底蕴与内涵建设方面做好传承、传播工作，应努力凸显学科特色、突出专业优势，为地方社会做出更多贡献。

之后，学院形成了"以评促建""以评促改"的本科教学常规工作模式，每年开展相应动员会议、看听课讲评、教研活动、教师进修培训等活动，敦促一线教师不断自查，以提升课程建设和教学质量。

苏州大学原副校长蒋星红一行指导学院本科教学评估工作

期间，学院教师开展的有关学科建设、专业建设、教材建设及人才培养等方面的教学教研研究，获得了苏州大学教学成果奖，部分还被推荐为江苏省教学成果奖。

江苏省教学成果奖（高等教育类）获奖证书

（三）以精品课程建设为改革抓手

体育学院以"国家一流本科专业建设"为契机，强化顶层设计，深化专业内涵建设，着力打造既具有高阶性、创新性、挑战度，又具有课程育人时代性、针对性、实效性的一流本科课程。2017年，王家宏教授主持的"篮球"课程获批国家精品课程、国家精品资源共享课。2020年，张林教授主持的"运动生理学"课程获批精品在线开放课程、国家级一流本科课程。2023年，陶玉流教授主持的"体育科研方法（含体育创新创业）"课程获批线下"国家级一流本科课程"。

国家级一流本科课程"运动生理学"证书

国家级一流本科课程"体育科研方法(含体育创新创业)"证书

陶玉流教授及其课程团队
(从左至右依次为:樊炳有、王家宏、陆阿明、陶玉流)

该课程按照科学研究的程序，围绕科研选题、文献综述、研究设计、方法选用、成果撰写、报告交流等内容，培养学生的发现问题能力、归纳总结能力、创新思维能力、组织实践能力、资源整合能力和科研表达能力。课程采用能力导向、任务驱动的进阶式教学设计，通过教师指导和学生的自主学习、合作学习，将理论知识通过科研实践转化为创新创业能力。

二、教学理念方法

（一）更新教学理念

体育学院秉持"学以致用""学有所成"的教学理念，用习近平总书记为体育赋能、用体育充值人生、用体育治国理政等实例，引领学生坚定理想信念，深植爱国情怀；将课程内容对应为学生的能力要求，构建了基于能力导向任务驱动的进阶式课程教学模式；在课程教学中有效融入研究前沿，形成了"课程思政融入课程教学、实践训练融入理论传授、前沿成果融入案例分析"的三融入教学特色。

体育学院获全国体育教育专业学生
基本功大赛一等奖（2019）

体育学院获第四届全国高校运动康复专业
学生技能大赛一等奖（2021）

（二）改进教学方法

体育学院通过小组报告、集体讨论，锻炼学生的科学思维和沟通合作能力；注重案例教学，强化学中做和做中学，坚持理论与实践的统一；综合运用启发式、探究式教学方法和翻转课堂等教学方式，促进学生活动性、合作性、反思性学习；通过课后作业，拓展教学内容，培养学生的自主学习能力和实操能力。

教学实例

中日体育"同课异构"交流研讨会合影

(三) 创新教学平台

体育学院开设的"篮球"课程被认定为国家级精品课程资源共享课;"运动生理"课程入选国家级在线开放课程;"体育科研方法(含体育创新创业)"课程入选首批省级一流本科课程。学院引导学生将现代信息技术手段融入专业学习,在网络学习资源、网络教学平台的学习和运用等方面,为学生提供技术服务与专业知识支持。学院出台各项举措,鼓励教师平常上课时利用多媒体技术制作和使用PPT课件,提炼课程内容,突出课程重点和难点;学院支持教师以个人及团队形式建设开发MOOC等在线形式课程;学院倡导教师将信息技术融入专业教学改革,指导学生主动改变学习方式,促进课程线上与线下有机结合,相辅相成。

(四) 倡导因材施教

为明确学术型、应用型和国际型人才培养方向,学院通过创设"卓越人才班""提优俱乐部"等,建立本科生导师制和课外体育俱乐部训练制度,参加或举办各类体育竞赛和教学技能比赛,依托1个国家级科研平台和4个省部级科研平台、多样化实习实践基地、常态化实习实践制度、拓展实验实践教学路径,合力保障学生的个性化发展,实现学生核心素养的全员提升。

"卓越人才班"导师聘任仪式

学院开展"卓越人才班"实践活动

三、教学实践

(一) 教书育人,以课堂夯实教学质量提升

苏州大学每年都会开展青年教师教学竞赛,以鼓励教师们不断钻研课堂教学,互相学习、彼此交流,共同为"教书育人"出谋划策。而苏州大学的青年

教师教学竞赛也为江苏省的省赛输送了优质教学新苗,学院教师在"冲出"学校的基础上又在省赛中屡创佳绩(表5-12)。

表5-12 体育学院教师参加江苏省微课教学竞赛获奖情况(2015—2023)

年份	获奖人	竞赛名称	作品名称	级别	奖项级别
2015年	鲍捷	2015年江苏省高校微课教学比赛	肌张力评定	省级	三等奖
2017年	沈文熹	2017年江苏省高校微课教学比赛	斗牛舞的气息运动	省级	三等奖
2019年	黄鹂、丁莹	2019年江苏省高校微课教学比赛	网球正手截击技术	省级	一等奖
2020年	熊瑛子、郭树理	2020年江苏省高校微课教学比赛	从两起接吻案看《世界反兴奋剂条例》中无过错的认定	省级	三等奖
2021年	王妍	2021年江苏省高校微课教学比赛	洋务运动对西方体育的引入与传播	省级	一等奖
2023年	丁青	江苏省第二届高校体育教师教学基本功比赛	体育教师教学基本功	省级	三等奖

体育学院教师获江苏省高校微课教学比赛一等奖证书

(二)教学创新,以科研助力教学质量提升

为了不断提升教学质量,学院号召教师积极参与教学研究和改革工作,学院教师在江苏省、苏州大学的各项教学改革项目(表5-13)申报、教学改革论文撰写中做了诸多努力和尝试,并取得了可喜成绩,对高校、中小学体育教学的改革与创新做出了有益的贡献。

表 5-13 体育学院教师教学改革项目立项情况（部分）

项目类型	项目名称	项目主持人	年份
国家体育总局青年项目	教育宗旨变化视角下的民国学校体育研究（1912—1918 年）	王荷英	2015 年
江苏省教育规划高教重点资助	协同学视阈下高层次体育产业人才培养的研究	陶玉流、王家宏	2015 年
江苏省教育规划体、卫、艺专项重点自筹	大学生体育合作学习的实证研究	陈新、胡乔	2015 年
江苏省教育规划体、卫、艺专项重点自筹	苏州、台北两市中小学校体育教师在职培训路径比较研究	王平	2015 年
国家体育总局	利益博弈视域下我国校园足球政策执行研究	邱林	2016 年
江苏省教育厅项目	我国校园足球的内涵、目标及运行机制研究	邱林	2016 年
江苏省教育厅项目	体育院系用体育法学教科书的编写研究	熊瑛子	2016 年
江苏省社科项目（省规划办）	学龄期单纯性肥胖儿童健康问题研究	王国祥	2017 年
江苏省教育厅	高等教育国际化视域下高校武术国际化发展研究	杨敢峰	2017 年
江苏省教育厅	江苏省校园足球发展模式研究	邱林	2018 年
江苏省教育科学"十三五"规划重点自筹课题	基于体育核心素养的基础教育运动技能课程内容衔接研究	殷荣宾	2018 年
江苏高校哲学社会科学研究基金项目	核心素养视阈下江苏省中小学体育课程内容衔接研究	殷荣宾	2018 年
江苏高校哲学社会科学研究基金项目	乒乓球比赛技战术分析新理论与新方法的研究	杨青	2018 年
江苏省教育厅	体育教育专业教师核心素养的传承与创新研究	钟华	2018 年
国家体育总局气功中心专项课题	健身气功·八段锦对大学生 PBMCS 自噬功能的影响	罗丽	2018 年
江苏省教育厅	高等教育国际化视域下高校武术国际化发展研究	杨敢峰	2018 年

续表

项目类型	项目名称	项目主持人	年份
国家体育总局	利益博弈视域下我国校园足球政策执行研究	邱林	2018年
国家体育总局	我国职业足球青训与校园足球衔接体系研究	邱林	2019年
江苏省社科院	学校体育伤害之裁判标准研究	熊瑛子	2019年
江苏省高等教育教改研究课题	基于《卓越教师培养计划2.0》的体育教育专业人才培养模式的研究与实践	陶玉流	2019年

（三）学以致用，以实践促进教学质量提升

为了进一步提升教学质量，学院尝试通过实践印证和反馈的方式"倒逼"师生不断完善教与学的全过程。近年来，学院与地方政府、中学签订合作协议，初步建立了"三位一体"协同培养机制。在此框架下，学院统筹学院、地方教育行政部门和合作中学资源，共同搭建教师专业发展平台，基本形成了教师培养、培训、研究和服务一体化的合作共同体，有效促进了教育实践、课程开发、教育教学研究和教师专业发展等工作的提升。

1. 通过教育实习促进教学研究

"三位一体"协同培养机制为学院师范生的教育实践提供了良好的条件保障，确保了师范生教育见习和实习的开展，有效提升了师范生的教育实践能力。自2013年以来，学院连续荣获"苏州大学教育实习先进单位"称号。

近年来，学生较好的就业情况、用人单位的良好评价、参加各类教学基本功大赛取得的优异成绩全面反映了学生教学实践能力的提升。目前，学院结合《教育部关于实施卓越教师培养计划的意见》，继续努力探索学校体育改革与体育教育改革的路径，推动学校体育教育的科学发展。

2. 指导本科学生开展科学研究

学院教师还在课余指导有科研潜力的学生进行课题申报与研究，或邀请学生进入课题组，通过不懈努力，指导本科学生获得了多项笔政基金，以及国家级、省级、校级创新创业课题，为延展课堂教学、提升本科教学质量开辟了上升渠道。

3. 为中学教育提供科研支持

在与中小学校的合作交流中，体育学院教师团队还通过培训、报告、课题指导（开题论证、结题报告）、教学研讨等形式，为多所中学的教育发展提供规划建议，辅助中学教师进行课题申报，合作开展课堂教学改革研究，指导教学研究论文的撰写等。

四、教学质量监控与评价

（一）教学质量管理机制

健全的组织管理机制是保障本科教学工作有效开展并取得实效的保证。

学院本科教学工作在学校领导下开展，学院党政联席会议是学院本科教学工作的决策机构，分管副院长具体负责教学管理，分管副书记具体负责学生管理，学院教务办公室、学生工作办公室和实习实践办公室根据职责分工具体实施，各所（部）执行。对应于学校的组织框架，学院也相应成立了教学委员会与学院督导组。

学院教学委员会由分管教学副院长、各系负责人、教授等7人组成，分管副院长为主任，职责是审议各专业教育教学改革发展中的重要议题与重要事项。学院教学督导组对学院教学及管理工作各环节进行质量监控，对教师、学生的教与学进行督导。目前学院教学督导组由2位教师组成。教务办公室是学院教学管理的常设机构，设主任1人、科员1人，主要职责之一是负责本科生培养周期内的全部教学管理与安排，保持与教务部、分管副院长、教师、学生之间教学事务的沟通、协调、管理，是保证本科教学工作正常运转的中枢。实习实践办公室设立两个岗位，负责本科学生的实习工作和毕业论文工作。

（二）教学质量保障体系

学校、学院两级共同架构教学质量保障体系，实施教学质量监控。

学院教学质量保障系统以学校教学质量保障系统为依托，结合学科特色构建了督查与反馈并重的质量保障体系，落实对本科教学各环节的有效管理。

督查方面，学院坚持自上而下全面督促检查，建立期初审核教学进度制定、期中巡查教学情况、期末成绩质量分析，以及在学期结束后由分管教学院长组织学院教学科研管理办公室实施教学评价和考核的分段式常规教学检查制度，配合教学督导制度、院长听课制度，对教学质量开展全面评估和考核。

反馈方面，主要根据学生教学满意度调查、学生日常教学反馈、期末总结性教学质量评价三个方面，开展教学质量跟踪调查、反馈，提出改进方案。

为了更好地完善教学质量，形成以目标为导向的OBE闭环监控，学院抓住国家一流专业建设的契机，建立了"专项评价制度化，信息采集常态化，师生反馈适时化，持续改进科学化"的专业质量保障体系，使执行、监控和持续改进形成一个一体化的流程。

与此同时，从2017年开始，学院每年邀请利益相关方参与人才培养方案的修订，并从2018年开始委托第三方对近五年师范毕业生（体育教育专业）开展用人单位满意度调查，不断完善培养方案。在后续培养方案的制定过程中，学院采纳合理意见，提出了符合专业实际情况的毕业要求，明确了毕业要求对培养目标的支撑关系，并重构了支撑毕业要求的课程体系，由此形成了社会评价与培养方案的联动机制。

第五节

运动竞赛与队伍建设

一、运动竞赛喜获佳绩

(一)国际赛事

1. 2008年北京奥运会

第二十九届夏季奥林匹克运动会于2008年8月8日在北京开幕,苏州大学共有11名运动员参加北京奥运会多个项目的比赛。苏州大学学子陈艳青、吴静钰分别获得女子举重58公斤级冠军和女子跆拳道49公斤级冠军,周春秀获得女子马拉松赛季军。此外,苏州大学还有1名教练员、1名翻译、2名裁判员、6名仪式引导员、2名志愿者通过各种方式参与了北京奥运会的工作。体育学院院长王家宏教授、梁懿老师、本科生刘蕴清作为火炬手在苏州传递了奥运火炬。2008年的奥运会,苏州大学参赛人数、夺金热点都要超过往届。

北京奥运会结束后,国际奥委会主席雅克·罗格先生致信苏州大学校长朱秀林教授和王家宏教授,对苏州大学在2008年北京奥运会期间做出的重要贡献表示感谢,对学校取得的优异成绩表示衷心祝贺。

国际奥委会主席雅克·罗格先生的来信

陈艳青获 2008 年北京奥运会女子举重 58 公斤级冠军　　吴静钰获 2008 年北京奥运会女子跆拳道 49 公斤级冠军　　周春秀获 2008 年北京奥运会女子马拉松赛季军

2. 2012 年伦敦奥运会

第三十届夏季奥林匹克运动会于 2012 年 7 月 27 日在英国伦敦开幕。体育学院 2011 级硕士研究生吴静钰战胜西班牙名将布里吉特，蝉联跆拳道女子 49 公斤级冠军，这是中国奥运代表团在本届奥运会上的第三十六枚金牌，也是中国奥运代表团在奥运会历史上的第一百九十九枚金牌。吴静钰成为继陈中之后第二位卫冕奥运会冠军的中国跆拳道选手。

吴静钰获 2012 年伦敦奥运会女子跆拳道 49 公斤级冠军

3. 2016 年里约热内卢奥运会

第三十一届夏季奥林匹克运动会于 2016 年 8 月 5 日在巴西里约热内卢开幕。体育学院学子孙杨、吴静钰、王振东再次征战奥运赛场。孙杨获得男子 200 米自由泳冠军，男子 400 米自由泳亚军。王振东获得男子 50 公里竞走第十名。

孙杨获 2016 年里约热内卢奥运会男子
200 米自由泳冠军、男子 400 米自由泳亚军

王振东获 2016 年里约热内卢奥运会
男子 50 公里竞走第十名

4. 2020 年东京奥运会

2021 年 7 月 23 日，夏季奥运会在日本东京开幕。苏州大学学子吴静钰、何冰娇作为中国奥运代表团成员出征东京。

何冰娇曾多次获得羽毛球国际比赛女单冠军。在奥运会前一年多紧锣密鼓的集训后，何冰娇成功突围国家羽毛球队女单"三选二"的选拔，这也是何冰娇第一次参加奥运会。

吴静钰参加 2020 年东京奥运会
女子跆拳道比赛

何冰娇参加 2020 年东京
奥运会羽毛球比赛

5. 2022 年北京冬奥会

体育学院 2020 级研究生郭丹、2021 级研究生吴志涛和 2021 届本科生杜佳妮参加了本届冬奥会，并顺利完成了比赛。

郭丹曾在欧洲系列赛中打破 500 米轮滑世界纪录，实现轮滑界的世锦赛、世界杯、世界运动会三大赛大满贯。在北京冬奥会速度滑冰女子集体出发项目比赛中，郭丹曾获得第十三名。

杜佳妮参加了双人雪车比赛，最终成绩位列第十三名，实现了中国女子运动员在该项目上的历史性突破。另外，杜佳妮于2016年在全国田径大奖赛女子七项全能比赛中获得亚军。在第十七届亚洲青年田径锦标赛中，杜佳妮获得女子七项全能项目冠军。

吴志涛和队友合作获得四人雪车比赛的第十六名，创造了中国队在冬奥会该项目上的最好成绩。此前，吴志涛在2018—2019赛季曾获国际雪车联合会世界青年锦标赛男子四人车U23级别冠军；2020年获第十四届全国冬季运动会雪车项目男子双人车冠军。

郭丹在2022北京冬奥会速度滑冰女子集体出发项目上位列第十三名

杜佳妮参加2022年北京冬奥会双人雪车项目位列第十三名

吴志涛参加2022年北京冬奥会四人雪车项目位列第十六名

6. 2024年巴黎奥运会

2024年巴黎奥运会于当地时间7月26日—8月11日举行。苏州大学学子何冰娇获得羽毛球女子单打亚军，赵杰获得田径女子链球季军，陈锦丰入选中国国家田径队参加2024年巴黎奥运会的运动员名单。

何冰娇获2024年巴黎奥运会羽毛球女子单打亚军

赵杰获2024年巴黎奥运会田径女子链球季军

7. 2010年广州亚运会

第十六届亚运会于2010年11月12日—27日在中国广州隆重举行。本届亚运会苏州大学共有十多位同学入选中国体育代表团，参加了跆拳道、田径、手球等项目的比赛，共获得3枚金牌、1枚银牌。吴静钰在女子跆拳道49公斤级比赛中蝉联冠军；陆斌获得男子4×100米接力（第一棒）冠军；周春秀获得女子马拉松冠军；蒋兰获得女子4×100米接力（第三棒）亚军。

吴静钰获2010年广州亚运会
女子跆拳道49公斤级冠军

陆斌获2010年广州亚运会
男子4×100米接力（第一棒）冠军

周春秀获2010年广州亚运会
女子马拉松冠军

蒋兰获2010年广州亚运会
女子4×100米接力（第三棒）亚军

8. 2014 年仁川亚运会

第十七届亚运会于 2014 年在韩国仁川举行，在男子 50 公里竞走比赛中，体育学院 2012 级本科生王振东获得了铜牌。

9. 2018 年雅加达亚运会

第十八届亚运会于 2018 年 8 月 18 日至 9 月 2 日在印度尼西亚雅加达举行。本届亚运会苏州大学共有 4 名学生和校友代表中国体育代表团参加了游泳、速度轮滑、田径、现代五项等项目的比赛，共获得 4 枚金牌、3 枚银牌。

体育学院 2015 级硕士研究生孙杨在本届亚运会上包揽了从 200 米到 1 500 米的自由泳四枚金牌，并在男子 4×200 米、4×100 米自由泳接力赛中与其他队友一起获得 2 枚银牌。

王振东获 2014 年仁川亚运会男子 50 公里竞走季军

郭丹夺得女子 20 公里公路轮滑项目银牌。这也是她继参加冬奥会女子速度滑冰集体出发项目之后，重返夏季赛场再次为国争光，是我国首位"两栖"运动员。体育学院 2018 级体育专硕研究生黄妍获得了女子 400 米栏比赛第五名的好成绩。2015 级体育专硕研究生边雨霏，获得了现代五项女子个人赛第六名的好成绩。

孙杨获 2018 年雅加达亚运会 200 米、400 米、800 米、1 500 米自由泳冠军，4×200 米、4×100 米自由泳接力亚军

郭丹获 2018 年雅加达亚运会速度轮滑女子 20 公里公路轮滑亚军

黄妍获2018年雅加达亚运会女子400米栏第五名

边雨霏获2018年雅加达亚运会现代五项女子个人赛第六名

赵杰获2023年亚洲田径锦标赛女子链球冠军

10. 2023年亚洲田径锦标赛

在这次亚洲田径锦标赛女子链球决赛中，体育学院学生赵杰发挥优秀，最终以69米39的成绩夺得金牌。

11. 第二十届亚洲U20田径锦标赛

学院2022级体育教育专业学生陈锦丰代表中国出战，以20.81秒的个人最好成绩夺得男子200米冠军。本次比赛，陈锦丰用实际行动诠释了体育学院学子奋勇向前、顽强拼搏的体育精神，以高超的竞技水平和良好的道德风尚向世界展示了中国新一代运动健儿的体育风采。

陈锦丰获第二十届亚洲U20田径锦标赛男子200米冠军

12. 2022 年杭州亚运会

在杭州举办的第十九届亚运会是继 1990 年北京亚运会、2010 年广州亚运会之后，中国第三次举办的亚洲最高规格的国际综合性体育赛事。体育学院 6 名运动员出征杭州，共获得 1 枚金牌、2 枚银牌、2 枚铜牌的优异成绩。

另外，体育学院 2022 级本科生赵杰在女子链球决赛中以 69.44 米的成绩获得银牌。2015 届本科毕业生边雨霏获得现代五项女子团体冠军、现代五项女子个人季军。2020 级硕士研究生何冰娇获得羽毛球女子团体亚军、女子单打季军。2017 届本科毕业生王权获得男子手球第五名。2021 级运动训练专业本科生刘赵梁获得男子手球第五名。2022 级体育专业硕士研究生刘静逸获得女子七项全能第七名。

学院张宗豪老师、雍明老师、刘昌亚老师分别担任武术散打和田径项目的裁判，展现了专业风采，圆满完成了任务。

刘昌亚、雍明、张宗豪担任 2022 年杭州亚运会裁判

（二）国内赛事

1. 江苏省运动会

（1）第十八届江苏省运动会闭幕式于 2014 年 9 月 26 日在淮安体育中心体育馆隆重举行。苏州大学荣获本届省运会高校部团体总分第一名，高校部"校长杯"第一名。苏州大学共有 24 名教练员、234 名运动员参加了高校部本科组所有 21 个大项、

"校长杯""体育道德风尚奖"颁奖仪式

苏州大学蝉联高校部本科组第一名

148 个小项的比赛,最终以总分 1 553.65 的绝对优势获得"校长杯"第一名,并获得体育道德风尚奖。

(2) 第十九届江苏省运动会闭幕式于 2018 年 9 月 28 日在扬州体育公园隆重举行。苏州大学以团体总分 1 349 分的绝对优势蝉联高校部本科组第一名,并获得"校长杯"和"群众体育工作先进集体"荣誉称号。

(3) 第二十届江苏省运动会于 2022 年 9 月 5 日在泰州体育公园落下帷幕。苏州大学代表团获得 39 枚金牌、33 枚银牌、30 枚铜牌及 5 个体育道德风尚奖,以团体总分 1 147 分的优异成绩获得江苏省运动会(高校部本科组)团体总分第一名,并获得"体育道德风尚奖代表团""优秀组织奖""突出贡献奖"三个集体荣誉,连续三届获得江苏省运动会(高校部本科组)团体总分第一名。

苏州大学荣获"体育道德风尚奖代表团""优秀组织奖""突出贡献奖"三个集体荣誉

2. 全国大学生运动会

(1) 在 2007 年第八届全国大学生运动会上,苏州大学有 26 名运动员入围江苏省大学生体育代表团,获得 6 枚金牌、6 银牌、6 枚铜牌的优异成绩,最终以 184.5 分位居本届大学生运动会参赛高校排名前 20,荣获"校长杯"。

(2) 在第九届全国大学生运动会上,苏州大学共派出 41 名运动员和 9 名教练员加入江苏省大学生体育代表团参加比赛。苏州大学运动员共获得 5 枚金牌、6 枚银牌、9 枚铜牌,破两项大学生运动会纪录,为江苏省大学生体育代表团总分 1 336.5 分贡献了 263.66 分,位居江苏高校之首,为江苏省大学生体育代表团获团体总分第四名做出了突出贡献。同时，苏州大学共获得"校长杯"积分42.45分，在所有参加大学生运动会高校中位列第七名，荣获"校长杯"。

（3）在第十三届全国大学生运动会上，苏州大学有24名运动员代表江苏省大学生体育代表团参加了比赛，获得6枚金牌、4枚银牌、6枚铜牌的优异成绩，最终以249.5的总分在参赛高校中排名第七，荣获"校长杯"。其中，苏州大学研究生孙杨打破大学男子乙组200米、400米自由泳的全国大学生运动会纪录，本科生徐安珂、钱伊静和王晓娜获体育道德风尚奖。

（4）在第十四届全国大学生运动会上，苏州大学13名运动员共获得150分，为江苏省大学生体育代表团荣获团体总分第三名、江苏省大学生田径代表队荣获团体总分第二名、获得"体育道德风尚奖运动队"荣誉称号做出了重要贡献，苏州大学再次捧得"校长杯"。

（5）2023年，在中华人民共和国第一届学生（青年）运动会上，苏州大学学生分别参加了田径、游泳、武术、排球、健美操、毽球、羽毛球7个大项的比赛，最终获得8枚金牌、8枚银牌、5枚铜牌，总共53个奖项，位居全国高校金牌榜第八名。

2023年中华人民共和国第一届学生（青年）运动会闭幕式

（三）苏州大学校园马拉松

苏州大学校园马拉松（简称"苏大校马"）是苏州大学一项重要的传统赛事，是全国首批校园马拉松赛事之一，也是江苏省大学生马拉松联赛的创始站。自2013年首次举办以来，苏大校马已逐渐成为一票难求的校园品牌赛事。赛事旨在促进大学生形成良好的体育锻炼习惯和健康的生活学习方式，是苏州大学集全民健身、社团活动、文化展示于一体的校园品牌文化活动,也是苏州市打造国际体育文化名城的重要活动。赛事于每年11月底在天赐庄校区举行,苏州大学各类在校学生、教职工(含教职工直系家属)、校友、苏州市民均可报名参赛。

赛事积极响应共青团中央"走下网络,走出宿舍,走向操场"的要求,引导广大青年学生在阳光运动中健康成长,推广和普及体育文化积大众健身文化。此后,不少兄弟院校均以苏大校马为蓝本进行模式推广,苏大校园马拉松团队已为全国多所院校提供赛事方案及竞赛技术保障,得到了社会各界的积极关注。

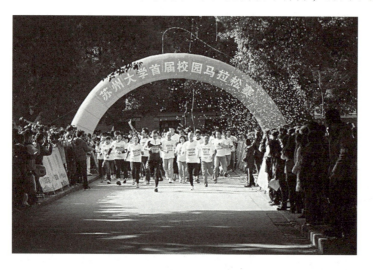

苏州大学首届校园马拉松赛

"'名城名校'2018苏州大学校园马拉松"启动仪式

"名城名校" 2023 苏州大学校园马拉松赛

二、队伍建设多彩多元

（一）田径队

苏州大学田径队组建历史悠久，在 2005 年田径项目获教育部批准招收高水平运动员后，田径队是苏州大学重点建设的运动队之一。田径队以"勇于争先建设重点队，积极参与竞争'校长杯'，努力培养奥运选手"为发展规划，把"做好体教结合，建设发展重点队"作为实施方向，以"竞技体育引领学校群体工作的建设与发展"为工作目标。

田径队在国际、国内各类田径比赛中成绩斐然，培养了一大批优秀运动员，其中有 7 名运动员参加奥运会，在世界田径锦标赛、亚运会、全运会、全国田径锦标赛、冠军赛中也取得了较好的运动成绩。

表 5-14 是学校田径队近年来的获奖情况。

表 5-14　学校田径队获奖情况汇总表

时间	比赛	成绩
2012 年	第九届全国大学生运动会	"校长杯"第七名
2014 年	第十八届江苏省运动会高校部比赛	团体总分第一名
2017 年	第十四届全国大学生运动会	"校长杯"第七名
2018 年	第十九届江苏省运动会高校部比赛	团体总分第一名
2021 年	第十四届全国大学生运动会	6 项第一名、3 项第二名、3 项第三名

续表

时间	比赛	成绩
2022 年	第二十届江苏省运动会高校部比赛	团体总分第一名
2023 年	第三十一届世界大学生夏季运动会	2 项第一名、 1 项第三名 荣获"先进集体"称号
2023 年	中华人民共和国第一届学生（青年）运动会	4 项第一名、 2 项第二名、 1 项第三名

苏州大学田径队荣誉墙

苏州大学体育学院获得第三十一届世界大学生夏季运动会"先进集体"称号

2023 年第一届全国学生（青年）运动会苏州大学体育学院师生风采

（二）足球队

苏州大学男子高水平足球队成立于 2018 年，是一支高素质、现代化、体系化的校园男子足球队，其前身是以苏州大学体育学院学生为班底的苏州大学足球队。男子高水平足球队依托苏州大学雄厚的师资力量和具有专业素养的学生运动员，制度完善、管理有序、运动成绩突出。2021 年，球队首次参加江苏省足协冠军联赛，取得赛事季军；2023 年，球队参加江苏省大学生男子足球锦标赛。

苏州大学男子足球队获奖情况如表5-15所示。

表5-15 苏州大学男子足球队获奖情况汇总表

时间	比赛	成绩
2012年	江苏省"省长杯"足球比赛	第四名
2013年	中国大学生校园足球"超级组"江苏赛区	第四名
2014年	中国大学生校园足球"超级组"江苏赛区	第二名
2014年	中国大学生校园足球"超级组"南区决赛	第八名
2014年	中国大学生校园足球"超级组"全国总决赛	第十一名
2015年	江苏省"省长杯"足球比赛	第四名
2017年	江苏省"省长杯"足球比赛	第五名
2018年	江苏省"省长杯"校园足球联赛	第五名
2019年	江苏省"省长杯"校园足球联赛	第三名
2021年	江苏省足协冠军联赛	第三名
2023年	江苏省"省长杯"大学生足球联赛	第四名

2024年苏州市第一届大学生足球联赛苏州大学足球队

（三）篮球队

为响应大学生体协组建高水平篮球队的号召，苏州大学于2011年组建了男子篮球队，该队常年保持15人的训练建制。自队伍组建以来，男子篮球队生源质量逐步提升，成绩不断进步。自2011年12月起，男子篮球队参加中国大学生篮球联赛（CUBA）及江苏省高校高水平组比赛，先后在第十五届、十六届、十八届和二十六届进入CUBA东南赛区比赛。在2015年第十八届省预赛中获亚军，并在东南分赛区位列第九名。同时1名队员顺利签约中国男子篮球职业联赛（CBA）球队，两名队员签约全国男子篮球联赛（NBL）球队，既创造了学校篮球队的历史最好成绩，也开创了学校篮球队员进入职业球队的先河。在2022年江苏省运动会高校部比赛中，学校男子篮球队获第三名。苏州大学男子篮球队获奖情况如表 5-16 所示。

表 5-16 苏州大学男子篮球队获奖情况汇总表

时间	比赛	成绩
2017 年	江苏省 JUBA 校园联赛	第二名
2018 年	CUBA 江苏省预选赛	第五名
2018 年	江苏省运动会高校男篮甲 A 组	第三名
2018 年	江苏省 JUBA 校园联赛	第四名
2019 年	CUBA 江苏省预选赛	第五名
2019 年	全国大学生运动会江苏省预选赛	第三名
2020 年	CUBA 江苏省预选赛	第六名
2020 年	江苏省飞人杯高校邀请赛	第一名
2022 年	江苏省运动会高校男篮甲 A 组	第三名

2016 年江苏省大学生校园篮球联赛（高水平组）苏州大学代表队

（四）游泳队

苏州大学游泳队组建于 2000 年。在这 24 个年头里，通过不断的历练，队伍日趋成熟，队伍中不乏奥运冠军、全运会冠军等众多优秀的队员，历年来还有多名队员因成绩优异获得推免硕士研究生资格。"海压竹枝低复举，风吹山角晦还明"。苏州大学游泳队秉承"养天地正气、法古今完人"的校训，在校体委的正确领导下，以及各级领导的关心下，努力学习、刻苦训练，不断完善，为苏州大学体育事业的发展、校园文化的繁荣贡献体育的力量，并在各种赛事中取得了优异的成绩。

苏州大学游泳队获奖情况如表 5-17 所示。

表 5-17　苏州大学游泳队获奖情况汇总表

时间	比赛	成绩
2002 年	第十五届江苏省运动会高校部	5 项第一名、团体第二名
2012 年	第九届全国大学生运动会	5 项第一名
2014 年	第十八届江苏省运动会高校部	17 项第一名
2017 年	第十三届全国大学生运动会	2 项第一名
2018 年	第十九届江苏省运动会高校部	19 项第一名
2022 年	第二十届江苏省运动会高校部	16 项第一名
2023 年	第二十二届全国大学生锦标赛	团体总分第三名、破 1 项纪录
	第二十三届全国大学生锦标赛	团体总分第二名
2023 年	中华人民共和国第一届学生（青年）运动会	2 项第一名、3 项第二名、4 项第三名

苏州大学游泳队

（五）橄榄球队

苏州大学东吴游骑兵美式橄榄球队（简称"橄榄球校队"）成立于 2016 年 5 月 20 日，球队一直秉承"T（Teamwork）N（Never Give Up）T（Trust）"的社团宗旨，以"养天地正气，法古今完人"为训，凝练着"健·行·厚·德"的精神品质。

球队在成立之初便首创了极具特色的"毕业碗"美式橄榄球邀请赛。球队在多项比赛中获得了不俗的战绩：2018 年、2019 年连续两个赛季闯入"初光碗"中国大学生美式橄榄球联盟（CUAFL）联赛全国四强，并在 2019 赛季取得了全国季军；2019 年参加首届中国大学生美式橄榄球联赛（CUFL），夺得全国总冠军；2024 年，球队再次摘得中国大学生美式橄榄球联赛全国总冠军的桂冠。

橄榄球校队获奖情况如表 5-18 所示。

表 5-18 橄榄球队获奖情况汇总表

时间	比赛	成绩
2018 年 6 月	苏州市"毕业碗"美式橄榄球赛	冠军
2018 年 10 月	"初光碗"中国大学生美式橄榄球联盟联赛	全国四强
2019 年 4 月	"初光碗"中国大学生美式橄榄球联盟联赛	全国季军
2019 年 12 月	首届中国大学生美式橄榄球联赛	全国总冠军
2020 年 11 月	上海市第二届"玉兰碗"美式橄榄球锦标赛	亚军
2021 年 5 月	苏州市第一届"三足碗"美式橄榄球赛	冠军
2021 年 5 月	苏杭"天堂碗"美式橄榄球赛	冠军
2021 年 5 月	苏州市"毕业碗"美式橄榄球赛	亚军
2021 年 11 月	NFL 中国腰旗橄榄球联赛华东赛区	男子大学组冠军
2021 年 11 月	NFL 中国腰旗橄榄球联赛华东赛区	女子公开组冠军
2022 年 9 月	苏州高新区运动会腰旗橄榄球赛	冠军
2023 年 4 月	2023 年度苏州"Huddle"腰旗橄榄球联赛	总冠军
2023 年 5 月	苏州市"毕业碗"美式橄榄球赛	冠军
2023 年 9 月	2023"闪耀之星"NFL FLAG 腰旗橄榄球联赛江苏赛区赛	冠军
2023 年 11 月	2023"闪耀之星"NFL FLAG 腰旗橄榄球联赛华东赛区赛	冠军
2023 年 12 月	2023 年度全国腰旗橄榄球锦标赛	男子成人组全国十六强
2024 年 4 月	中国大学生美式橄榄球联赛	全国总冠军

苏州大学橄榄球队获 2019 年第一届中国大学生美式橄榄球联赛全国总冠军

苏州大学橄榄球队获 2024 年全国大学生美式橄榄球联赛全国总冠军

2021 年首届长三角龙舟赛苏州大学代表队

（六）龙舟队

苏州大学龙舟队自 2014 年成立以来，始终秉承"养天地正气，法古今完人"的校训精神，致力于传承和发扬龙舟文化。多年来，队员们克服种种困难，通过刻苦训练和顽强拼搏，在国内外各大赛事中屡创佳绩，为学校赢得了崇高的荣誉。随着队伍实力的提升，苏州大学龙舟队开始走出江苏，参加全国赛事。在这个阶段，队员们充分发挥团队协作精神，不断突破自我，在国内各项龙舟赛中取得了骄人的成绩，逐渐在国内外龙舟界崭露头角。

表 5-19 是龙舟队近年来的获奖情况汇总表。

表 5-19　龙舟队获奖情况汇总表

时间	比赛	成绩
2014 年 6 月	第十八届江苏省运动会（高校组）	女子 200 米直道竞速第二名 女子 500 米直道竞速第二名
2016 年 6 月	世界名校龙舟大赛女子组	200 米直道竞速第二名 500 米直道竞速第二名 2 000 米绕标赛第二名
2018 年 5 月	世界名校龙舟大赛女子组	200 米直道竞速第二名 500 米直道竞速第三名 2 000 米绕标赛第三名

续表

时间	比赛	成绩
2018年6月	苏州市金鸡湖龙舟赛	12人公开组女子300米直道竞速第一名 22人公开组男子300米直道竞速第三名
2018年6月	第十九届江苏省运动会（高校组）	混合500米直道竞速第三名
2018年9月	第十九届江苏省运动会（群众组）	女子100米直道竞速第一名
2019年3月	苏州市石湖联赛男子组	200米直道竞速第二名
2019年6月	苏州市金鸡湖龙舟赛	女子300米直道竞速第二名 男子300米直道竞速第四名
2019年10月	中华龙舟大赛（南京六合站）	女子200米直道竞速第三名 男子200米直道竞速第五名 男子500米直道竞速第六名
2019年11月	江苏省宿迁市泗洪县精英赛	男子200米直道竞速第二名 男子500米直道竞速第三名
2020年6月	苏州市金鸡湖龙舟赛	女子300米直道竞速第一名 男子300米直道竞速第五名
2020年9月	第八届江苏省全民健身运动会	女子100米直道竞速第二名 女子200米直道竞速第二名 女子500米直道竞速第二名
2020年9月	2020年度苏州市大众体育联赛（石湖站）	男子300米直道竞速第三名
2021年5月	江苏省龙舟精英赛	22人公开组男子第三名
2021年6月	苏州市金鸡湖龙舟赛	女子300米直道竞速第二名 女子300米直道竞速第四名 男子300米直道竞速第五名
2021年7月	第九届中国大学生龙舟锦标赛	女子100米直道竞速第二名 女子200米直道竞速第四名 女子500米直道竞速第三名 男子100米直道竞速第四名 男子200米直道竞速第七名 男子500米直道竞速第五名
2021年9月	首届长三角龙舟赛	女子100米直道竞速第二名 女子200米直道竞速第二名 女子500米直道竞速第二名
2021年10月	漕湖国际龙舟赛	女子300米直道竞速第三名 男子300米直道竞速第三名
2022年10月	江苏省龙舟城市公开赛	总成绩第五名
2023年3月	江苏省龙舟精英赛	总成绩第八名

续表

时间	比赛	成绩
2023年6月	苏州市金鸡湖龙舟赛	男子300米直道竞速赛第三名 女子300米直道竞速赛第四名
2023年6月	中华龙舟大赛盐城站	男子职业组22人龙舟第11名
2023年10月	第三届漕湖金秋国际龙舟邀请赛暨长三角龙舟邀请赛	男子300米直道竞速第二名

（七）剑道队

苏州大学剑道队成立于2016年5月，全体队员秉承"养天地正气，法古今完人"的校训精神，以"磨砺身心，塑造强大的精神力量"为宗旨，以拓展大学生国际视野为己任，积极发扬"以武修身、以道修心"的精神，不畏困难，刻苦训练，顽强拼搏。经历近十年的发展，苏州大学剑道队共组织参加过11次国际交流，参加过15次比赛，取得了个人赛8个冠军、6个亚军、5个季军，团体赛1个冠军、6个亚军、7个季军的好成绩。

苏州大学剑道队

表5-20是苏州大学剑道队近年来获奖情况汇总表。

表5-20 苏州大学剑道队获奖情况汇总表

时间	比赛	成绩
2016年11月	第三届"爱达杯"国际剑道公开赛	女子新人团体赛季军和女子团体季军
2017年10月	"秦剑杯"CKOU全国剑道大赛	女子新人赛B组冠军，新人赛A组、B组两个亚军、男子新人赛B组季军

续表

时间	比赛	成绩
2018 年	第五届国际剑道公开赛（苏州）	女子个人赛 A 组冠军、亚军、B 组亚军、女子获得团体亚军
2018 年	全国剑道比赛	女子个人冠军、男子个人季军
2018 年 7 月	2018 CKOU 成都剑道公开赛	女子新人 A 组冠军、季军、女子团体赛获得第二名
2018 年 10 月	2018 石家庄 CKOU 全国剑道大赛	女子 A 组个人冠军、女子团体第三名
2019 年 3 月	亚洲剑道锦标赛	女子团体第二名
2019 年 3 月	第十九届香港亚洲公开剑道锦标赛	团体第二名
2019 年 11 月	第六届苏州国际剑道公开赛	女子团体赛第二名
2021 年 11 月	第八届苏州国际剑道公开赛	女子个人赛冠军、团体赛第二名等
2024 年 4 月	第二十届香港亚洲公开剑道锦标赛	团体男子第三名、团体女子第三名

（八）武术队

苏州大学武术队成立于 2005 年，是一支由体育学院主管的校级代表队，多年来一直保持常规的训练与比赛，多次代表苏州大学参加省级与国家级各项专项赛事，以及校内的各项演出活动。苏州大学武术队自成立以来，在历任领队、教练员及运动员的共同努力和拼搏下，先后多次在江苏省运动会高校武术比赛、全国武术套路冠军赛、全国武术套路锦标赛、全国大学生运动会及全国大学生武术套路锦标赛中取得优异的成绩，累计获得国家级竞赛金牌 20 多枚，省级竞赛金牌 50 多枚。

苏州大学武术代表队

表 5-21 是近年来苏州大学武术队获奖情况。

表 5-21　苏州大学武术队获奖情况汇总表

时间	比赛	成绩
2017 年 11 月	第十九届江苏省运动会（高校部）武术比赛	6 枚金牌、3 枚银牌、5 枚铜牌，5 个第四名，3 个第五名
2019 年 7 月	全国大学生武术套路锦标赛	女子乙组长拳金牌、女子乙组华拳金牌、女子乙组剑术银牌、女子查拳金牌、女子丙组剑术铜牌、女子丙组长拳第五名、女子丙组南拳金牌、女子丙组南刀铜牌、男子丙组南拳银牌、男子丙组炮拳铜牌、男子丙组南棍第七名、男子丙组剑术铜牌、男子丙组长拳第六名、男子丙组枪术银牌、女子丙组长拳第四名、女子乙组孙氏太极拳铜牌、女子乙组太极剑第五名、女子乙组太极拳第七名、女子丙组南刀第四名、女子丙组南拳第五名、男子丙组南棍第五名、男子丙组南拳第八名、男子丙组刀术第五名、男子丙组棍术第五名，教练员吴松老师荣获"体育道德风尚优秀教练员"称号
2021 年 7 月	第十四届全国大学生运动会	女子南拳银牌、女子南刀第六名、集体项目铜牌
2022 年 7 月	第二十届江苏省运动会（高校部）武术（套路）比赛	团体总分第一名
2023 年 11 月	中华人民共和国第一届学生（青年）运动会（校园组）武术套路比赛	女子自选太极拳金牌

第六节　硬件支持与软件建设

一、硬件配套趋于完备

（一）实验室建设

苏州大学体育学院现有 1 个国家体育总局重点实验室及若干基础实验室，实验室总占地面积 1 500 多平方米，总资产 1 200 多万元，拥有完整的体质测试评价、运动检测、运动技能分析、康复理疗等方面的仪器设备。

体育学院实验室包括体质健康评估实验室、动作技术诊断与分析实验室、物理疗法实验室、功能训练实验室、儿童动作发展干预实验室、机能评定与康复训练实验室、运动生理实验室、运动生物化学实验室、运动心理实验室、运动解剖实验室及体育装备工程中心。学院先后购置了一批实验教学和科研配套的实验仪器，尤其是超短波治疗仪、微波治疗仪、动态康复平衡仪、等速肌力训练测试系统、表面肌电仪、红外运动捕捉系统、三维测力系统、运动心肺功能测试系统等大型设备的添置，进一步完善了综合实验室的设备条件，对学院办学条件的改善，以及学科建设与人才培养平台的进一步提升，起到了至关重要的作用。2007年，学院"运动技术与机能评定实验室"获批为国家体育总局的重点实验室，为篮球、举重、田径等运动项目的奥运科研攻关做出了贡献。近几年，随着学院总体科研能力的提高，实验室对社会的服务工作也日见成效。

实验室协助学院教师，承担运动生理学、运动解剖学、运动生物化学、运动心理学、康复生物力学、康复工程学、康复治疗学、康复理疗实践、康复评定学、功能性动作训练理论与实践等课程的教学任务，积极配合教师和研究生开展科研工作。

学院各项目团队依托实验室平台，利用实验设备及科研成果，积极开展对外科技服务。近几年，学院利用实验室相关平台研发设备完成了欧洲青年奥运会自行车项目、轮滑世界锦标赛、环太湖国际竞走多日赛等的计时计分任务；依托实验室康复评估方案，康复专业师生长期服务多家培智学校与残障机构，积极开展康复工作。

1. 体质健康评估实验室

实验室主要配备有 InBody 3.0 和 Tanita MC-180 人体成分分析仪、Colin Bp-203RPE Ⅱ 全自动动脉硬化检测仪、Idiag Spinalmouse 脊柱电子测量仪、GE EXPRESS Ⅱ 和 GE Insight 超声骨密度检测仪、Cateye EC-1200 运动心肺功能测评系统、eZscan 糖尿病风险评估系统、MCA-3C 多域多维心脏功能检测仪，以及 GMCS-Ⅳ 国家标准体质测试仪等各类先进的检测设备。实验室可进行体质健康评价、科学健身指导、健康筛查、健康风险评估和干预等工作。

2. 儿童动作发展干预实验室

实验室主要配备 Peabody 运动发育测评系统、训练用楔形垫和滚筒、PT床、肋木、爬行架、平行杠、动态平衡木、双向扶梯、OT桌、感觉统合训练等仪器设备，研究方向为儿童动作发展与健康促进。实验室可实现对动作发育迟滞、运动能力落后及神经与运动系统功能障碍儿童的全面深度评估，通过发展性干预训练和教育性促进训练等技术手段，解决儿童生长发育过程中身体认知和动作发展科学领域的关键问题。

3. 动作技术诊断与分析实验室

实验室配备 Vicon 红外运动捕捉与分析系统、SIMI-Motion 运动录像解析系统、Megaspeed 高速摄像机、Kistler 三维测力台与纵跳台、Win-pod 平衡及步态分析仪、Zebris 步态分析跑台等仪器设备，可完成人体动作、姿势和平衡能力的测试、诊断与分析，具备解决运动学和动力学等相关学科领域关键问题的能力，可广泛用于体育训练评价、人体工程学、生物力学研究，以及神经肌肉骨骼障碍患者的临床康复评估和互动式体感游戏等。

4. 物理疗法实验室

实验室设备主要包括颈腰部牵引床、超短波治疗仪、微波治疗仪、专家型负压吸引治疗仪、淋巴治疗仪、神经损伤诊断治疗系统、超声波及低周波治疗仪、中频治疗仪、低频磁疗，以及关节肌肉电疗仪等，还配备了用于针灸、拔火罐、刮痧等的中医传统疗法设备。实验室可以实现促进机体的血液循环、改善疼痛、消除水肿及炎症、促进伤病的康复等临床效用，支持临床康复治疗方向本科生和研究生开展实验教学及相关科研。

5. 功能训练实验室

实验室主要配备 FMS 功能性动作测试仪、功能性平衡圆盘测试仪、TRX 悬吊训练系统、平衡球与平衡垫训练系统、弹力带训练系统、负重力量训练系统等设备，研究方向为功能训练关键技术的开发及其相关功能的评估。实验室主要解决功能性训练与康复性训练领域的关键技术问题，通过对人体运动训练过程中的基本动作、力量、柔韧性、灵敏性、平衡能力及核心力量、运动链等指标体系的科学研究，研发和优化功能训练的技术手段与方法。

6. 体育装备工程中心

中心配备终点摄像计时系统系列产品、远度项目摄像测距系统和起跳板监视仪、RFID 芯片记圈系统、轮滑比赛（训练）综合系统、场地自行车计时计分系统、便携式竞走判罚系统、景观体育赛事芯片计时系统、电子发令器、人脸识别认证设备等，可完成体能训练考核和赛事计时记分系统的研发及测试，并参与服务。

7. 运动心理实验室

实验室配备镜画仪、动视力检测仪、动作稳定测试仪、多参数生物反馈系统、双手调节器、心理测试系统等设备，涵盖动态视力、智力、逻辑推理能力、人格结构、态度与兴趣、注意力、协调能力测试、驾驶能力等多个领域的心理测试。

8. 机能评定与康复训练实验室

实验室主要配备 CON-TREX 等速肌力测试与训练系统、Biovision 表面肌电采集与分析系统、MAX-II 心肺功能测试系统、HUR 多关节康复训练器、OptoJump 光学测试系统，以及 HP/Cosmos 大功率跑台和爬梯测试训练机等先进仪器。实验室研究方向为人体运动竞技能力开发与临床康复训练技术优化，仪器设备可满足目前运动科学和临床康复等学科领域的基础与应用研究需求，能够实现运动机能评定、运动训练监控、体能康复训练、康复医学评估及运动疗法技术创新等功能。

9. 运动生理实验室

实验室配备无氧功率自行车、运动心肺功能测试系统、血细胞计数仪、二道生理记录仪、前庭功能稳定性转椅、血压计、POLAR 表等实验设备，可完成 PWC170、最大摄氧量、前庭功能及安静和运动后的血压心率等测试。

10. 运动生物化学实验室

实验室配备电子天平、高速台式离心机、全自动电泳仪、半自动生化仪、低温冰箱、分光光度计、尿十项测试仪、采血笔、采血针等设备，可完成血乳酸的测定、血尿素氮的测定、尿蛋白的定性测定、蛋白质的含量测定、血氨的测定等运动生物化学实验。

11. 运动解剖实验室

实验室有各种人体关节、骨骼、肌肉、内脏标本和模型，可承担的教学任务主要是体育教育、社会体育、运动训练三个专业的运动解剖学实验课，课余时间也可让学生观摩模型和标本。

（二）场馆设施建设

苏州大学东校区体育馆

我校现有室内运动馆面积 35 204.4 平方米，室外运动场面积 125 097 平方米，特殊性场馆（游泳馆）面积 3 131 平方米，总面积为 163 432.4 平方米。其中，室内运动馆 11 个，分别为独墅湖二期公体楼、独墅湖二期文体中心体育馆、独墅湖一期足球场辅房、阳澄湖临时体育室、北区体育馆、本部公体楼、本部体操房、东区体育馆、东区锅炉房临时体育室、东区游泳馆临时体育室、东区风雨长廊等；室外运动场包括田径场面积 49 127 平方米，足球场面积 21 692 平方米，室外篮球场 51 片共 32 482 平方米，室外排球场 16 片共 6 840 平方米，室外网球场 22 片共 14 956 平方米。

苏州大学独墅湖校区体育馆

苏州大学东校区游泳馆

二、软件建设与时俱进

（一）图书资料室建设

苏州大学体育学院资料室为学院广大师生的教学和科研提供了一个良好的平台，是学院教学科研活动的重要组成部分。目前资料室藏书主要有以下几类：（1）多年来学院订购的书报、杂志及合订本；（2）图书馆存放在学院资料室的图书；（3）多年来留存下来的旧书刊及合订本；（4）外文图书、期刊；（5）其他相关书籍（含个人捐赠书籍）。

目前，学院资料室的藏书总计约25 000册，其中：中文图书20 000余册，主要有体育专业类、体育相关类的图书，以及期刊（含合订本）、报纸、工具书等；外文图书3 000余册等，语种主要有英文、日文、俄文等。2024年，学院资料室订阅的期刊有83种，报纸有6种，涵盖了体育教育、运动训练、武术与民族传统项目及运动康复专业，其中有中文体育核心期刊、中文核心期刊、中国科技核心期刊等。近几年，资料室与学校图书馆紧密沟通，获校图书馆赠送存放学院资料室的外文图书有200多册。

（二）体育教育专业实训平台建设

为了更好地为学生服务，提升学院的教学能力与科研能力，学院依托江苏省体育局与苏州大学的资源和学科优势，遵循"需求导向、全面开放、深度融合"的原则，整合江苏省体育系统、苏州大学及国内外其他高等院校、科研院所、有共同愿景的体育企业等政府、高校、社会、企业的资源，建设了体育教育专业实训创新平台。学院旨在通过平台培养大批体育教育创新人才，形成了一批支撑体育教学、体育培训、体育健身等持续发展的核心人才，并成功举办了各种研修班和研讨会，如体育教育国家一流本科专业建设暨卓越体育教师培养研讨会、苏州大学卓越体育教师培养研讨会暨苏州市名师发展共同体（体育组）集中研修，2020年江苏省本科院校体育教育专业一流专业建设研修班等。

为进一步提升学院体育教育专业学生人才培养质量，提高体育教育专业学生教学基本功，促进学生素质的全面发展，学院多次举办体育教育专业教学基本功比赛，以鼓励体育师范生结合专业知识开展科学研究，提升学生主动学习的积极性，增强其研究教育领域热点、难点问题的意识和责任感。为给有志于在科学研究领域进一步深造的学生提供平台和机会，学院还开设学术科研训练营并多次举办系列学术讲座。

第七节

交流合作与社会服务

一、积极搭建学术科研平台

（一）东吴体育智库

苏州大学东吴体育智库立足中国体育深化改革的实际，聚焦体育法治与反兴奋剂、体育公共服务、体育产业、运动康复与健康促进等研究领域，通过整合专业学科、协调研究力量，进行协同创新，打造高水平研究团队，开展高水平的理论研究和应用研究，产出高水平的研究成果，为体育管理部门、地方政府与体育企业提供高质量的科学咨询和决策参考。经过几年的发展建设，苏州大学东吴体育智库已成为集人才培养、学术研究、社会服务和政策咨询功能于一体，国家倚重、国际知名的体育高端智库。

2022年国家体育总局办公厅正式公布体育高端智库（2023—2025）入选单位，苏州大学以王家宏教授为首席专家申报的"苏州大学东吴体育智库"成功入选。本次遴选是国家体育总局以习近平总书记关于体育的重要论述和关于加强智库建设的重要批示精神为指导，进一步建立健全体育决策咨询机制，推动体育高端智库建设，着力打造一批国家亟须，具有重要决策影响力、社会影响力、全国影响力的高端体育智库的重要举措。

（二）苏州大学江苏体育健康产业研究院

苏州大学江苏体育健康产业研究院，是为了贯彻落实国务院《关于加快发展体育产业促进体育消费的若干意见》适应国家创新驱动战略、推进体育产业发展的迫切需要，由苏州大学成立的校级科研机构。

1. 研究院的宗旨

以政府为引导、市场为导向，立足江苏，面向全国，通过政产学研合作，打造体育健康产业领域集科研、开发、制造、产业化推进于一体，与市场紧密衔接的智库团队和创新团队，形成体育健康产业集群，更好地为国家体育改革和发展服务。研究院通过成员之间的优势互补和强强联合，集聚资源、集中目标、集成创新，形成布局合理、分工协作、配套齐全的长效、稳定的利益共同体。

2. 研究院的主要任务

第一，围绕体育强国战略目标，以我国体育改革与发展的重大理论和现实问题进行高层次的应用对策研究和战略咨询，建成推动中国体育改革和体育产业发展的体育高端智库，更好地服务于政府的决策。

第二，研发具有自主知识产权、对体育健康产业发展有重大影响的创新产品，研究制定一批国家、行业或地方的技术标准，提供体育健康产业核心技术支撑，推动体育健康产业发展。

第三，整合体育健康产业创新资源，以体育学、健康科学和康复医学等学科领域的新技术为手段，开展科学健身、健康促进和运动康复等领域的项目研究和社会服务工作。

第四，形成合理的人才交流与培养机制，培育领军型人才和高水平创新团队，提升体育健康产业核心竞争力与产业链协同创新能力。

（三）江苏体育产业协同创新中心

江苏体育产业协同创新中心（以下简称"中心"）是为了贯彻落实国务院《关于加快发展体育产业促进体育消费的若干意见》，适应国家创新驱动战略、推进体育产业发展的迫切需要，由江苏省体育局和苏州大学共同发起组建的一个开放性的非法人实体组织。

中心依托江苏省体育局和苏州大学的资源和学科优势，遵循"需求导向、全面开放、深度融合"的原则，整合江苏省体育系统、苏州大学及国内外其他高等院校、科研院所、有共同愿景的体育企业等政府、高校、社会、企业间的资源，建设体育改革与发展研究中心、体育产业基础理论研究中心、体育产业发展战略与政策研究中心、体育产业市场分析中心、体育服务业研究中心、城市体育综合体研究中心、运动康复与健康促进研究中心、体育合作与交流中心、体育装备工程中心、体育产业孵化基地等10个创新平台。中心旨在通过政府搭台、产业导向、任务驱动、校企唱戏、资源集聚、开放共享，推进体育与科技、产业等方面的有机融合，培养大批体育产业创新人才，形成一批支撑体育赛事、体育健身等持续发展的核心关键技术，取得一批对体育产业发展有重大推动作用的标志性成果，实现一批科研成果向体育企业的转移和转化，打造全新模式的政产学研用一体化组织管理模式下的学术创新体，把中心建成推动中国体育改革和体育产业发展的核心智库，提升江苏体育产业的国际竞争力，推动江苏乃至全国体育产业的持续稳定发展。

（四）苏州大学体育科技与健康科普基地

为响应国家大众健身的号召，促进体育知识的传播与普及，苏州大学体育科技与健康科普基地于2023年1月6日由体育总局、科技部批准设立。基地的成立旨在通过科学、有趣、易懂的体育科普活动，提高广大群众的体育科学素养，促进全民健康和全民健身事业的发展。

苏州大学体育科技与健康科普基地开展了丰富多彩的体育科普活动，包括体育科普讲座、体育科普展览、体育科普培训等。基地自成立以来,已陆续开展主题科普讲座,并与苏州抗衰老学会、苏州震泽通鼎集团联合举办了多次健康科普活动。

苏州大学体育科技与健康科普基地的活动覆盖面广泛,不仅面向学校师生,还积极走进社区、中小学、企业等各个领域,将体育科普知识传播到更多的人群中。基地组织多个科普团队,深入社区、中小学和企业,开展大规模的体育科普宣传活动,以推动全民健身事业的深入发展。

二、组织各类学术交流活动

为激发师生的科学研究和科技创新热情,进一步提升学术水平,培养体育科技人才,学院经常性组织各类形式的对外学术交流活动。

(一)"走出去"的学术会议

1. 参加国际会议

2016年,学院选派5名研究生参加在巴西召开的奥林匹克科学大会(简称"奥科会")。奥科会是国际奥委会、国际残奥委会、国际运动医学联合会和国际体育科学与教育理事会四个国际组织在每届夏季奥运会开幕前,在奥运会举办国联合召开的国际体育科学、教育和医学大会,是世界上规模最大的体育科学大会,体现了奥林匹克运动与全球体育科学研究的最高水平,也是奥运会的重要组成部分。2016年8月31日—9月4日,奥科会在巴西圣保罗举行,本次奥科会的主题是"Saying Yes to Diversity in Sport"。本次会议吸引了世界各国近2 200多名体育专家、学者齐聚一堂。在王家宏教授和青年教师王荷英老师的带领下,学院共有7名师生赴圣保罗参加会议。

体育学院参加奥科会师生代表

2019年，东南亚体育运动科学大会、第九届亚太地区体育科学大会和第三届东盟运动医学大会于11月22日—24日在菲律宾克拉克举行。此次会议受到了菲律宾总统杜特尔特的高度重视，杜特尔特总统专门为此次会议发来了贺信。学院戴俭慧教授、博士生郑花、桑学慧，硕士生钱伟、常凤丽、许宏悦、徐吴俊宇、刘帅帅、刘望、秦慧芳、谢天威、李孟荣、江雅、朱薇（已毕业）和体育教育专业本科生王亚楠一行15人受邀参加了会议。

学院师生代表参加东南亚体育运动科学大会、
第九届亚太地区体育科学大会和第三届东盟运动医学大会

表5-22是体育学院师生近年来参加国际交流活动汇总表。

表5-22 体育学院师生近年来参加国际交流活动汇总表

姓名	时间	地点/学校	会议名称	形式	内容/专业
居方圆	2016年3月	美国安吉洛州立大学	第五届自我民族志研讨会	口头报告	国际学术会议
居方圆	2016年11月	台湾师范大学	第五届东北亚运动教育国际研讨会	参与	国际学术会议
丁青、邵珠彬、谢丹、王峰、周亚婷	2016年8月	巴西圣保罗	巴西奥科会	受邀	国际学术会议
周亚婷	2016年10月	台湾树德科技大学	2016年两岸体育运动史暨体育运动管理学术研讨会	参与	国际学术会议
申玲、云言灵、王应、马龙润	2017年6月	泰国农业大学	第七届国际体育运动科学大会和第八届亚太地区体育科学大会	墙报交流	国际学术会议

续表

姓名	时间	地点/学校	会议名称	形式	内容/专业
徐吴俊宇、常凤丽、钱伟、翁羽、桑学慧、雷园园	2019年10月	南非	2019年金砖国家体育运动科学大会学术会议	参加	国际学术会议
黄珂	2019年10月	加拿大卡尔加里大学	以苏州大学体育学院身份代表世界卫生组织中国合作中心参加大会专委会发言，以及学术交流	发言	国际学术会议
刘帅帅、许宏悦、李孟蓉、刘望、谢天威、江雅、秦慧芳、常凤丽、钱伟、徐吴俊宇、桑学慧、翁羽、郑花	2019年11月	菲律宾	2019年东南亚运动体育科学大会	参加	国际学术会议
付冰等19人	2020年9月	日本（线上）	The 2020 Yokohama Sport Conference	口头报告5人；墙报交流14人	国际学术会议

2. 参加国内会议

表5-23是体育学院师生近年来参加国内学术交流活动汇总表。

表5-23 体育学院师生近年参加国内学术交流活动汇总表

年份	会议名称	参会人数（篇数）	备注
2014年	2014年江苏省体育学研究生教育创新论坛	19人	—
2015年	2015年江苏省体育学研究生教育创新论坛	31人	专题报告2人
2016年	第十四届苏州市体育运动会科学大会	8人	专题报告3人
2016年	第六届中国体育博士高层论坛	1人	专题报告1人
2016年	第二届体育学科发展青年论坛	1人	专题报告1人
2016年	第三十一届江苏省高校体育科学论文报告会	3人	—
2016年	海峡两岸体育运动史暨体育运动管理学术研讨会	1人	—

续表

年份	会议名称	参会人数（篇数）	备注
2016年	第六届中国体育博士高层论坛	3人	专题报告3人
2016年	上海海峡两岸暨港澳运动教育学术研讨会	1人	专题报告1人
2016年	江苏省体育科学研讨会	1人	—
2016年	第五届东北亚洲运动教育国际学术研讨会	1人	专题报告1人
2016年	中国焦作国际太极拳高峰论坛	1人	专题报告1人
2016年	2016全国青年理论研讨会	1人	书面交流1人
2016年	第四届江苏省体育学研究生教育创新论坛	92人	专题报告5人
2018年	第六届江苏省体育学研究生教育创新论坛	59人	—
2019年	第三十三届江苏省高校体育科学论文报告会	72人	—
2019年	江苏省暨首届长三角体育学研究生学术创新论坛	16人	—
2021年	长三角体育学研究生学术创新论坛	4人	—
2021年	第九届江苏省体育学研究生教育创新论坛	15人	—
2021年	第二十八届苏州市体育科学论文报告会	17人	—
2022年	第六届江苏省体育科学大会	56篇	一等奖8篇，二等奖6篇，三等奖6篇，墙报交流18篇
2022年	第十届江苏省体育学研究生教育创新论坛	42人	—
2022年	第三十四届江苏省高校体育论文报告会	134篇	一等奖5篇，二等奖29篇，三等奖97篇
2022年	长三角体育学研究生学术创新论坛	51篇	—
2022年	第十届中国学校体育科学大会	11篇	—
2022年	第十二届全国体育产业学术会议	7篇	专题报告2篇，书面交流5篇
2023年	2023年长三角体育学研究生学术创新论坛	33篇	特等奖6篇，一等奖13篇，二等奖14篇
2023年	第十三届全国体育科学大会	133篇	专题报告63篇，墙报交流61篇，书面交流9篇
2023年	第三十五届江苏省高校体育科学论文报告会	46篇	一等奖3篇，二等奖21篇，三等奖19篇

续表

年份	会议名称	参会人数（篇数）	备注
2023年	第十一届全国体育管理科学大会	20篇	专题报告14篇，墙报交流6篇
2023年	首届全国学生（青年）运动会论文报告会	7篇	—
2023年	第三十届苏州市体育科学论文报告会	69篇	一等奖2篇，二等奖12篇，三等奖20篇，优秀论文25篇

（二）"引进来"的学术交流

为进一步拓宽师生研究视野和促进学术交流，体育学院邀请了一大批国内外专家学者，举办了一系列高水平学术讲座。自2015年起，体育学院开启以系列专题为内容的专家学术讲座活动，其中包括江苏省品牌专业（体育教育）系列讲座、江苏省重点序列学科（体育学）系列讲座、优势学科系列学术讲座、国家一流本科专业建设点系列讲座。学院还邀请国内外体育研究领域知名专家学者超百余人来院分享观点和热点前沿知识。

三、社会服务形式多元

（一）为学校师生服务

1. "即刻·行履"公益徒步团

"即刻·行履"公益徒步团主要在徒步过程中提供徒步领队、城门讲解、志愿打卡、任务设置与裁判、拉伸医疗等服务。团队成员通过学院体育活动筹备与运行工作，带领其他学院学生锻炼身体、促进健康、发挥学科特色和专业技能，为体育强国、全民健身贡献青春力量。

主要服务内容：第一，面向苏州大学体育学院新生，每学年开始，组织大一新生以环护城河步道为路线徒步，带领新生领略姑苏古城之美；第二，面向苏州大学全体师生，全面促进心理健康，通过徒步的方式释放压力、放松心情；第三，面向苏州大学体育学院学生，以环苏州护城河的八个城门为站点，每到达一个城门就以盖章的形式打卡，志愿者充当引导员、讲解员、安全保障员，带领全校师生徒步16千米；第四，面向苏州大学全体师生，采取团队挑战赛的形式，设计5千米徒步项目，组织环健身步道挑战赛，激发学生勇往直前、追求梦想的精神。

"即刻·行履"公益徒步团

2. 苏大男篮裁判服务团

苏州大学男篮裁判服务团是为苏州大学院校级篮球比赛提供裁判、志愿者等赛事相关人员的服务团。裁判服务团由 8 名一级裁判、33 名二级裁判和 40 余名志愿者组成，成立至今累计举办 90 余次赛事，共计执裁 3 500 余场比赛。

主要服务内容：第一，为各学院院级篮球赛提供裁判服务，公正制裁，保障比赛顺利完成；第二，为苏州市篮球联赛或俱乐部比赛提供裁判服务。

苏州大学男篮裁判服务团

(二) 为社会公众服务

1. "惠寒·慕康"志愿服务团

"惠寒·慕康"志愿服务团以运动康复专业学生为基础,主要为师生、特殊人群、社会基层人群无偿提供康复诊疗服务。团队秉持"慕勤学之初心,塑健康之高墙"的理念,将理论运用于实践,宣传健康生活方式,帮助师生、基层工作人员、特殊人群缓解久坐、肩颈疼痛、运动损伤等常见问题。

主要服务内容:第一,为在校人员提供无偿针灸康复、手法治疗服务;第二,为残疾人之家、自闭症儿童提供康复治疗服务。

"惠寒·慕康"志愿服务团曾获得"苏州市优秀青年志愿服务组织"称号,并曾获苏州大学"惠寒"志愿服务项目大赛一等奖、苏州大学暑期社会实践优秀团队等荣誉。服务团的志愿服务活动被中国青年网、江南时报网、紫牛新闻等多家国家级、省级媒体报道。

"惠寒·慕康"志愿服务团

2. "精武承邻——武术进社区"志愿服务团

"精武承邻——武术进社区"志愿服务团积极传播武术精神,促进全民健身,推广非物质文化遗产,为非遗武术的传承与发展添砖加瓦。

主要服务内容:第一,教学指导正确锻炼身体的方法,提高社区居民身体素质;第二,普及武术知识,发扬武术,弘扬"止戈为武","静心养气"等武术精神;第三,推广非遗拳种教学,促进非物质文化遗产的传承与发展。

"精武承邻——武术进社区"志愿服务团举办活动

(三) 为体育竞赛服务

1. "奇点" 赛事服务团

"奇点"赛事服务团主要由苏州大学体育学院青年教师和学生组成。自创立以来，服务团一直秉承"健行厚德，以体铸魂"的宗旨，致力于服务校内外各类体育赛事。团队成员通过积极投身群众体育赛事的筹备与运行工作，发挥学科特色、增强专业技能，为体育强国、全民健身贡献青春力量。

主要服务内容：第一，组织校园群众性体育锻炼活动，为校园球赛、运动会、健身操等提供活动策划、赛事组织服务；第二，增强青少年体质，为苏州中小学运动会提供秩序册编排、裁判等服务；第三，提供市内外马拉松赛事服务，为城市马拉松提供志愿者。

"奇点" 赛事服务团

2. "渡浪"龙舟文化体验服务团

"渡浪"龙舟文化体验服务团是以传承民族传统体育文化为主要目的，面向全校学生，提供龙舟文化体验的团队。

主要服务内容：第一，校园群众性体育锻炼，为学院和学校组织龙舟相关体验活动；第二，增进中外友谊，开创留学生龙舟社团，举办相关活动；第三，端午期间，宣传中国传统文化，增强爱国主义情怀。

"渡浪"龙舟文化体验服务团

附录 1

苏州大学体育学院（系）历届领导班子序列表

苏州大学体育学院（系）历届领导班子序列表

任职时间	行政			党委	
	系主任（院长）	副主任（副院长）	主任（院长）助理	总支书记（党委书记）	总支副书记（党委副书记）
1903年—1921年	司马德				
1921年—1923年	聂显				
1924年—1930年	许民辉				
1930年—？	赵占元				
？—1949年	王守方				
1949年—1952年	刘铨				
1952年—1956年	陈陵	张元生（1956年）			
1957年—1958年	张元生				
1959年—1965年		陈鹤芳			
1972年—1978年	施惠彬			姜宗尧（1972年—1974年）	谭金仁（1974年—1976年）
					庄百里（1975年—？）
					梅国祥（1975年—1976年）
					孙二观（1976年—？）
					刘振铎（1976年—1978年）

续表

任职时间	行政			党委	
	系主任（院长）	副主任（副院长）	主任（院长）助理	总支书记（党委书记）	总支副书记（党委副书记）
1978年—1983年	陈鹤芳	朱丕仁（1978年—1982年）		王永光（1982年—1983年）	刘振铎（主持工作）（1978年—1982年）
		施惠彬			蒋鉴挺
		程战铭（1982年—1983年）			
1983年—1987年7月	叶永延	施惠彬		蒋鉴挺	李佑文
		程战铭			
1987年7月—1993年7月	施惠彬	程战铭	张宏成	傅大友（1987年—1992年）	李佑文
					李建军（1988年—1993年7月）
		王家宏（1988年—1993年7月）			张寿仁（主持工作）（1992年—1993年7月）
1993年7月—1996年7月		程战铭			张寿仁（主持工作）（1993年7月—1996年）
		王家宏			
		罗时铭			李建军
1996年7月—1997年	王家宏	邰崇禧		勇振益	李建军
		李翔			
1997年—2004年3月	王家宏	李翔	戴福祥（1999年1月—2004年3月）	勇振益（1997年—2003年）	张建平（1997年—2004年）
		张宏成（1999年1月—2004年3月）	仇军（1999年—2001年）	张雪根（2003年—2004年3月）	朱建刚（2004年）
		邰崇禧			

续表

任职时间	行政			党委	
	系主任（院长）	副主任（副院长）	主任（院长）助理	总支书记（党委书记）	总支副书记（党委副书记）
2004年3月—2008年5月	王家宏	李翔（2004年3月—2007年9月）	陆阿明	张雪根（2004年3月—2006年）	朱建刚
		戴福祥	蔡赓	王坤泉（2006年—2008年5月）	
2008年5月—2012年10月	王家宏	陆阿明	雍明（2008年6月—2009年9月）	王坤泉（2008年5月—2010年11月）	朱建刚（2008年5月—2010年11月）
		蔡赓			
		朱建刚（2008年5月—2010年11月）			
		雍明（2009年9月—2012年10月）			
		戴福祥（2011年5月—2012年9月）			
		李伟文（2010年12月—2012年10月）	陶玉流（2009年2月—2011年6月）	朱建刚（2010年11月—2012年10月）	李伟文（2010年12月—2012年10月）
		陶玉流（2011年6月—2012年10月）			
2012年10月—2017年1月	陆阿明	陶玉流	徐建荣（2012年12月—2017年1月）	朱建刚（2012年10月—2016年3月）	李伟文
		雍明（2011年6月—2017年1月）			
		王全法		邓国林（2016年3月—2017年1月）	
		李伟文			

续表

任职时间	行政			党委	
	系主任（院长）	副主任（副院长）	主任（院长）助理	总支书记（党委书记）	总支副书记（党委副书记）
2017年4月—2021年11月	王国祥	李龙 顾明高 陶玉流 张鑫华（2018年10月—2021年11月） 李伟文（2017年1月—2019年9月） 丁海峰（2019年9月—2021年11月）	徐建荣	邓国林（2017年1月—2018年1月） 杨清（2018年1月—2020年3月） 朱建刚（2020年3月—2021年11月）	李伟文（2017年1月—2019年9月） 丁海峰（2019年9月—2021年11月）
2021年11月至今	陶玉流	丁海峰 张大志 张宗豪		朱建刚	丁海峰

附录 2

苏州大学体育学院（系）发展大事记

1900年	美国基督教会监理会创立了东吴大学。东吴大学由苏州博习书院、宫巷书院、上海中西书院合并，以宫巷书院为基础，在苏州天赐庄博习书院旧址上扩建而成，第一任校长为孙乐文。
1903年	东吴大学体育创始人司马德来校，组建了健身会、踢球班（足球队）、篮球班（队）、网球会等多种运动队组织。同年聘请博习医院的美国人罗格思担任兼职兵操教习，开始在东吴大学推广美国西点军校的兵操训练内容。
1904年	由东吴大学发起成立了华东地区最早的校际体育组织华东四大学体育联合会，成员包括东吴大学、上海圣约翰大学、南洋公学、中西学院。同年4月23日在东吴大学举办了华东四大学体育联合会第一届田径运动会。
1909年	华东四大学体育联合会因南洋公学、中西书院和东吴大学的先后退出而无形解散。
1914年	在东吴大学的倡议下，华东各大学体育联合会成立，由上海的南洋大学、圣约翰大学、沪江大学，南京的金陵大学，杭州的之江大学，苏州的东吴大学六所学校组成。东吴大学司马德任书记。同年5月16日，华东各大学校体育联合会成立后的首届田径运动会在东吴大学召开，共设置13个单项。同年，南洋大学获得华东各大学体育联合会年度足球比赛冠军，东吴大学获得亚军。
1915年	华东各大学体育联合会增加了棒球和网球两个项目的比赛。东吴大学学生张信孚、卢颂恩代表中国参加了在上海举办的第二届远东运动会，张信孚获得120码高栏比赛第二名，卢颂恩获得田径五项全能第二名。
1916年	华东各大学体育联合会增加了篮球项目的比赛。
1919年	东吴大学获得华东各大学体育联合会年度足球比赛冠军。
1920年	华东各大学体育联合会在原有六所大学的基础上，新接纳南京的东南大学和上海的复旦文理学院加盟，成立了华东八大学体育联

合会，也称"东方八大学体育联合会"。主要负责人有东吴大学的司马德、南洋大学的莱史礼、东南大学的麦克乐，司马德被推举为华东八大学体育联合会书记。

1921年	首届华东八大学体育联合会田径运动会在东吴大学举办。同年，司马德病逝。由东吴大学的聂显接替司马德任华东八大学体育联合会书记。同年5月，东吴大学学生梁官松、胡维岳、刘崇恩入选中国田径队，代表中国参加在上海举办的第五届远东运动会，三人都未取得名次。
1922年	在金陵大学举办的华东八大学体育联合会第二届田径运动会上，东吴大学以42分的成绩获得团体冠军，东吴大学学生李骏耀以15分获得本届运动会个人总分第一名。同年，东吴大学还获得华东八大学体育联合会网球比赛冠军。
1923年	东吴大学学生梁官松、李骏耀、胡维岳代表中国参加了在日本大阪举办的第六届远东运动会，但未取得名次。同年，在上海圣约翰大学召开的华东八大学体育联合会第三届田径运动会上，东吴大学蝉联冠军。
1924年秋	东吴大学和中华全国基督教协会联合创办了东吴大学体育专修科，由许民辉担任科主任。
1925年5月	东吴大学学生陈作新代表中国参加在菲律宾马尼拉举办的第七届远东运动会铁饼比赛，但未取得名次。
1926年	由东吴大学与中华全国基督教协会合办的体育专修科开始由东吴大学独办，并在两年制的基础上增设了四年制体育本科。 东吴大学首届体育专科生5人毕业，分别被聘任到上海、南京、北京和开封的青年会工作，1人在圣约翰大学就职。
1927年8月	东吴大学学生侯成之代表中国参加在上海举办的第八届远东运动会田径全能比赛，未取得名次。同年，东吴大学停止了体育专业的招生。
1928年	东吴大学第一批主修体育的文理学院本科生毕业，有3人被授予体育学士学位。
1930年	东吴大学体育专修科第一位四年制本科生王守方毕业，被授予体育学士学位。同年，许民辉离开东吴大学，由加拿大归国华侨赵占元负责体育科工作。同年，东吴大学学生程金冠在杭州举办的第四届全国运动会上获得200米低栏冠军，并代表中国参加了在日本东京举行的第九届远东运动会。
1934年	东吴大学学生程金冠代表中国参加在菲律宾马尼拉举行的第十届

	远东运动会。
1936年	东吴大学学生程金冠作为中国奥运代表团成员参加了德国柏林奥运会100米和4×100米接力两个项目的比赛。体育系毕业的王守方自费参加柏林奥运会，并在奥运会上作了中国传统体育项目"扯铃"的表演。
1937年	东吴大学体育馆建成，命名为"司马德体育馆"。
1941年	东吴大学与金陵女子学院合办体育专修科，恢复体育专业的招生。但随着太平洋战争的爆发，招收了一届体育专业学生后又停办，直至中华人民共和国成立。
1952年	东吴大学、江南大学和苏南文化教育学院合并为苏南师范学院。同年10月22日，江苏师范学院正式成立，在原东吴大学校址办学。同年江苏省政府在苏南9个县市选拔部分学科新生，在江苏师范学院体育系创设一年制体育班，以培养急需的体育师资。
1953年	在一年制体育专修班的基础上，江苏师范学院正式创办了两年制体育专修科，生源不再限于苏南行政区，而是扩展到江苏省以外。同年，江苏省体育干部训练班和江苏省篮球队依托江苏师范学院进行教学训练。
1956年	在江苏省运动会上，体育系学生刘秉果获得男子体操全能冠军，吴本浩获得体操比赛吊环冠军。
1958年	由体育系学生王可保、张文辉、卢章伦、唐荷生组成的4×100米接力队，在苏州市田径运动会上平江苏省最高纪录。同年，卢章伦在苏州市田径运动会上以1 999分打破1 740分江苏省七项全能的最高纪录。同年5月，在第二届江苏省大学生运动会上，李光明以1 681分创男子五项全能纪录，黄文宣以3.40米创男子撑杆跳纪录，张发宝以16秒6创男子110米高栏纪录、以26秒6创男子200米低栏纪录。9月，南京体育学院成立，根据当时的政策，江苏师范学院1957级体育系学生和部分任课教师并入南京体育学院。同年11月，在第三届江苏省大学生运动会上，许丽珍以29.35米的成绩创女子铁饼纪录，储望云以38.06米的成绩创女子手榴弹投掷纪录，黄文宣以4.00米创男子撑杆跳纪录。同年，江苏师院体育系因故停止招生。
1959年	数学系学生黄文宣获江苏省运动会撑杆跳冠军。
1961年	数学系学生黄文宣打破江苏省撑杆跳纪录，并获得"运动健将"称号。
1960年	江苏师范学院招收了一届体育专科生，后又停止招生。

1972年	江苏师范学院体育系开始恢复招生（工农兵大学生），学制为两年，直到"文革"结束，前后共招收了五届工农兵大学生。	
1976年	江苏师范学院结束工农兵大学生招生。	
1977年	江苏师范学院体育系开始招收"文革"后的第一批高考生。同年体育系开设四年制体育教育本科专业。	
1978年	在南京航空学院举办的第六届江苏省大学生运动会上，郑苏连以31.72米的优异成绩打破江苏省大学生女子铁饼30.65米的纪录。同年由江苏师范学院体育系、上海师范学院体育系和杭州大学体育系党政领导共同商议发起的华东区高校体育院系协作组在杭州成立。	
1980年	体育系在本科专业的基础上设置了两年制专科。同年，由江苏省高教局主办、江苏师范学院体育系承办的全国部分高校体育系教学邀请赛在江苏师范学院举行。比赛设田径和篮球两项，共有20所院校参加，江苏师范学院获得总分154分，在参赛高校中排名第五。	
1981年	体育系取消专科，只保留体育本科专业。	
1982年	第一届全国大学生运动会在北京钢铁学院举行，苏州大学代表江苏省代表队参加比赛，江苏省最终获得总分第六名。78级学生季平获得男子标枪比赛冠军，78级学生张红艺获得男子跳高第一名，78级学生蔡振武获得400米栏冠军。此外还有79级的王玲、80级的李红星同学获得女子4×100米接力跑第二名，79级学生蒲定芬同学获得女子跳高第三名，78级学生吴唯敏同学获得男子4×100米接力跑第三名。	
1983年	体育系恢复专科招生，本科与专科专业并行设立。	
1984年	在南京理工大学举办的第八届江苏省大学生运动会上，沈思打破女子100米纪录，陈忠宇获得跳高冠军。	
1985年	苏州大学体育系首次在人体解剖学、体育教育理论与方法两个方向招收硕士研究生。	
1986年	第二届全国大学生运动会在辽宁省大连市举行，江苏省组队参加，苏州大学获得"全国群众体育先进单位"称号，体育系主任施惠彬代表苏州大学受到了国务院副总理李鹏的接见。	
1988年	苏州大学体育系开始创办面向学校在职教师的专升本教育。同年，在南京举行的第三届全国大学生运动会上，苏州大学体育系学生袁明、陈忠宇、陆鸣代表江苏队比赛，并同时打破了全国大学生跳高纪录。	

1989年	苏州大学公共体育课被学校评为首批重点课程。
1990年	在苏州大学举办的第十届江苏省大学生运动会上，于文娟获得4×100米冠军、100米冠军和200米冠军。
1991年	第一届大学生田径锦标赛在中国矿业大学举行，苏州大学学生霍志强获得男子跳高冠军，由于成绩突出，在比赛现场就被确认达到运动健将水平，并被组委会授予运动员精神文明奖。
1992年	苏州大学获得教育部授予的"全国高校体育课程评估优秀学校"称号。
1993年1月	公体部从体育系中划出，与学校人武部合并成立军体部。
1993年12月	苏州大学体育系正式获得了教育部批准的运动生物力学（含运动解剖学）硕士学位授予权。同年，苏州大学公共体育课程被评为江苏省高校优秀体育教学大纲。
1994年	在南京邮电大学举办的第十一届江苏省大学生运动会上，茆汉成获得跳高冠军，许玉文获得三级跳远冠军，苏州大学总分排名第一。
1995年	苏州大学体育系不再设立体育专科。同年，苏州大学参加了在成都举行的大学生田径锦标赛，体育系学生许玉文获得跳远第二名、三级跳远第三名，公共体育部学生茆汉成获得跳高冠军并通过了运动健将测试，苏州大学总分排名第十六位。
1996年	苏州大学被江苏省教委评为江苏省高校贯彻学校体育工作条例优秀学校。苏州大学获批为江苏省高水平运动员招生试点学校。

1997年

4月4日—6日	体育系在江苏省教委承办的"97全省体育教育专业大学生基本功比赛"（南京体院举行）中取得了优异成绩：囊括了团体总分第一名、理论知识团体总分第一名、运动技术技能团体总分第一名。
6月11日—14日	全国普通高等学校暨华东地区普通高校体育教育专业"学校体育学"课程研讨会在体育系召开。会议确定了"学校体育学"教学指导纲要的初稿，并成立了华东地区体育理论协作小组。
8月22日—26日	体育系代表江苏省参加中华人民共和国成立以来第一届大学生基本功大赛（在上海师范大学举行）并荣获团体总分第一名。为此，苏州大学于9月18日举行庆功大会，体育系获得校长特别奖。
11月10日	体育系主任王家宏教授代表体育系赴广州领取全国体育新苗奖。体育系王家宏等12位师生获奖。

11月11日	苏州大学党委常委扩大会议决议发文,同意体育系拆系建立体育学院。
11月20日	体育系叶永延教授获全国曾宪梓教学优秀奖二等奖。
12月20日	体育学院举行成立大会及昆山游泳馆奠基仪式。
是年	华东区高校体育院系协作组系主任、总支书记年会通过章程,改名为"华东区高校体育院系协作会"。
	体育学院获得体育教育训练学硕士学位授予权。
	王家宏教授和张宏成教授获评江苏省第一期"333高层次人才培养工程"第一批培养对象。

1998 年

3月30日—4月2日	全国高校《奥林匹克学》教材研讨会在体育学院举行。
5月20日—23日	体育学院田径队一行22人赴南京五台山体育场参加第十四届江苏省运动会高校部田径丙组的比赛,获得了团体总分第一名、体育道德风尚奖的优异成绩。同时,体育学院的田春祥、徐建荣、刘爱霞3位教师获"优秀裁判员"称号。
6月6日	体育学院程战铭教授荣获1998年度利苏奖教金。
6月30日	体育学院举行兼职教授孔庆鹏的受聘仪式。
7月3日—4日	体育学院召开首届一次教代会,作为苏州大学第一个二级教代会,这次会议获得了空前成功。
7月8日—12日	受国家教学指导委员会委托,体育学院承办了全国球类教法新趋向研讨会。大会邀请英国著名球类专家霍普教授、香港教育学院体育系首席讲师钱铭佳等专家担任主讲。
11月10日	体育学院塑胶田径场、网球场正式验收、启用。
12月26日—27日	江苏省"校长杯"乒乓球赛在苏州大学举行。国家教育部、江苏省教委等62个参赛单位参加了比赛。体育学院场地设施建设受到好评。
12月11日—13日	全国运动生物力学教材审稿会在体育学院举行。叶永延教授担任教材《运动生物力学》的主编。
11月25日	体育学院王维群老师获1998年度陆氏科研奖。

1999 年

1月	公体部从学校军体部并入体育学院，张宏成任体育学院副院长，戴福祥任院长助理。
3月30日—4月4日	全国武术教材编写会议在体育学院召开。
4月5日	台湾东吴大学体育部领导专家来体育学院参观交流。
是年	体育学院运动人体科学本科学位点设立。
	体育学院获教育部批准举办"4+3"本硕连读试点班（这是全国同类学科专业中唯一的试点班）。
	体育学院与江苏省体科所签订合约，联合申报体育教育训练学专业的博士点。

2000 年

3月7日—11日	江苏省高校木球讲习班在体育学院召开。苏州市体委主任王根伟、副主任陈新雷等出席了开幕式。
4月5日—7日	江苏省体育理论专业委员会第二次全体会议暨体育改革高级论坛在体育学院召开。
4月12日	中共中央总书记、国家主席江泽民为苏州大学建校100周年题词："努力将苏州大学办成高素质创新人才的培养基地。"
5月15日	华东师范大学许豪文教授来体育学院讲学，题目为"运动后对恢复的作用"。
5月17日	为庆祝百年校庆，体育学院邀请北京体育大学田麦久教授来学院作了题为"运动训练理论体系的发展和完善"的讲座；国家体育科学研究所的陆绍中与体育学院师生就运动生理学的问题进行了座谈。
5月22日	北京师范大学田继宗教授来体育学院作题为"运动处方与教学模式"的专题讲座。
5月27日	华南师范大学邓树勋教授来体育学院作有关科研方法的学术讲座。
6月27日—29日	美籍华人陈昂博士来体育学院讲学。内容包括美国学校体育研究方向、美国体育概况、美国学校体育等。
7月3日	体育学院召开第一届教代会第二次会议，大会通过了院务公开监督小组名单。

12月21日	华东船舶学院体育组教师来体育学院交流访问。
12月22日	国家体育总局体育科学研究所鲍明晓教授来体育学院作了题为"新形式下中国体育产业与体育经济的发展"的专题报告。
12月24日	由王家宏教授主持的国家社科规划基金资助项目"国家公务员体力活动与健康问题的研究"结题鉴定会召开。
是年	体育学院民族传统体育本科学位点设立。
	体育学院获得体育教育训练学博士学位授予权及体育人文社会学硕士学位授予权。

2001年

2月11日	台湾林口体育学院代表团来体育学院交流。
3月7日—10日	江苏省高校讲习班在体育学院举行。
4月16日—19日	《全国普通高校学校体育课程教学指导纲要》修订会议在体育学院召开。王家宏教授、张宏成教授受聘担任《全国普通高校学校体育课程教学指导纲要》起草成员。
5月19日—24日	第十五届江苏省运动会高校部足球比赛苏南赛区预赛在苏州大学举行。
6月12日	台湾台北木球队来学院交流比赛,并举行了苏州市木球俱乐部揭牌仪式。
6月27日	北京体育大学博导杨锡让教授来学院作了题为"27届奥运会中国获金后的思考"的讲座。
6月	苏州市政府联合苏州大学共同承办江苏省女子举重队。
7月7日	福建师范大学体育科学学院一行20余人来学院交流。
10月12日	北京体育大学任海教授来学院作了题为"奥林匹克全球化与文化的多样性"的讲座。
	华南师范大学胡小明教授来学院作了题为"新世纪体育理论的创新"的讲座。
	成都体育学院体育史研究所所长郝勤来学院作了题为"奥林匹克主义与中国的传统文化的一致性"的讲座。
11月23日	华南师范大学邓树勋教授来学院作了题为"新世纪学校体育科学研究若干问题的思考"的学术讲座。
12月29日	北京体育大学管理学院秦椿林教授来学院作了题为"社会体育科学研究发展趋势与动态"的学术报告。

12月28日—30日	全国足球教材编写会议在体育学院召开。
12月28日	体育学院公体部林岚教师参加学校第一届青年教师教学竞赛获决赛一等奖。
12月31日	体育学院体育教育训练学获评江苏省重点学科，并被评为校品牌专业，同时，获批为国家体育社会科学研究基地。
12月31日	体育学院羽毛球队参加苏南地区羽毛球比赛，获男女团体总分第一名。
	在第九届全国运动会上，苏州大学苏懿萍获女子100米栏第一名，沈龙获羽毛球男子团体冠军。
是年	体育学院运动训练学本科学位点设立。

2002 年

1月9日—10日	体育学院召开第一届教代会第三次会议。
3月5日—6日	日本筑波大学香田郡秀教授来学院作了题为"日本体育的发展"的报告并举办剑道讲座。
3月11日	北京武术研究院客座教授袁绍良来学院访问交流。
3月13日—16日	全国综合性大学体育协会大会在学院召开。
3月15日	殷宝林兼职教授受聘仪式在学院举行。
4月1日—4日	江苏省第十五届高校部羽毛球决赛在苏州大学举行，苏州大学获男女团体冠军、女子单打冠军。
4月9日	《中国体育科技》《体育科学》杂志常务副主编李晓宪来学院作题为"目前国内体育杂志的现状"的学术报告。国家体育总局体育科学研究所李力研究员作了题为"体育的概念"的学术报告。
4月16日	成都体育学院博导周西宽教授来学院作了题为"体育的基本理论"的学术报告。
5月12日	苏州大学在第十五届江苏省大学生运动会高校部田径比赛中荣获甲组、丙组团体总分第一名，并有3人破省纪录。
5月14日	教育部体卫艺司司长杨贵仁兼职教授受聘仪式在学院举行。
5月26日	袁绍良先生（武术）兼职教授受聘仪式在学院举行。
5月28日	江苏男排总教练邹志华来体育学院作了题为"世界排球的发展趋势"的学术报告。

是年	孙民治教授主编、王家宏教授参编的《篮球运动高级教程》获全国高校优秀教材一等奖。
	自 2002 年起，苏州大学与地方政府、苏州市体育局签订了"省队市办、高校联办"的协议，与苏州市省队市办训练管理中心共同承担田径、举重、手球、跆拳道等项目的高水平运动竞技人才培养任务。

2003 年

1月13日	体育学院勇振益书记调任生命科学技术学院党委书记。
2月21日—24日	全国普通高校公共体育篮球教材编写会在体育学院召开。
3月5日	台湾国际奥委会委员吴经国先生来学院参观访问，并为学院题词。
4月4日	上海体育学院博士生导师邱丕相教授来学院作了题为"民族传统文化与武术进奥"的讲座。
4月7日	张雪根同志任学院党委书记。
6月30日	公体部党支部被中共江苏省委教育工委表彰为江苏省高校先进基层组织。
12月16日—18日	美国田纳西州立大学教授戴卫德（David）来学院作了题为"学校体育与公共健康"的学术报告。
	乌克兰体育大学校长普拉多诺夫来学院作了题为"运动训练理论与方法"的学术报告。
12月24日	国家体育总局政法司副司长张天白来学院讲学。
12月31日	体育教育训练学获评江苏省品牌专业。
是年	体育学院国家体育社会科学研究基地荣获国家体育总局体育"社会科学重点研究基地"称号。
	学院获江苏省大学生街舞比赛特等奖。
	"体育教育训练学"课程被评为江苏省品牌专业建设单位。
	苏懿萍同学参加在菲律宾举行的第十五届亚洲田径锦标赛女子 100 米栏比赛中获得第一名；王柯同学在新加坡国际马拉松女子马拉松赛中获得第一名；周燕同学在世界大学生运动会女子举重 58 公斤级比赛中获得冠军。

2004 年

3月	体育学院与英国德蒙福特大学建立联合培养协作关系。
3月	美国田纳西州立大学查努加分校体育运动与健康系主任E.康迪夫（E. Cundiff）博士对体育学院进行了访问交流。
4月7日	体育学院新一届行政领导班子成立：院长为王家宏，副院长为张宏成、李翔、戴福祥。
5月21日	台湾国际奥委会委员吴经国先生兼职教授受聘仪式在苏州大学大礼堂举行。
6月12日	邱坯相兼职教授受聘仪式在体育学院举行。
7月	罗时铭教授应邀参加中国国际足球博览会"足球起源于临淄"专家论证会，成为鉴证足球起源于中国的专家之一。
9月29日	体育学院系部领导班子调整。体育系主任为蔡赓；运动人体科学系主任为张林；民族传统体育系主任为蔡赓；社会体育部主任为罗时铭；公体部主任为仲云才。
10月29日	第三届华人运动生理与体适能学者学会年会在学院召开。
11月24日	学院召开党委换届全体党员会议，选举并产生新的党委委员。
12月12日—15日	由体育学院承办的2004年全国体育社会科学规划工作会议在苏州东山宾馆召开。
12月17日	韩国岭南大学金东奎教授来学院作了题为"体育学、体育哲学的整体性探索"的报告。
是年	王家宏教授主编的教材《球类运动——篮球》获学校精品教材立项并被列入国家"十五"精品教材规划，获2004年苏州大学教学成果一等奖；罗时铭教授主编的教材《奥林匹克学》获苏州市哲学社会科学三等奖。
	东校区游泳馆先后获得"江苏省先进游泳场所"和"苏州市先进游泳场所"称号。
	苏州大学周春秀同学在厦门国际马拉松邀请赛中获女子马拉松冠军；陈艳青同学在第二十八届奥运会女子举重58公斤级比赛中获冠军。
	高校教师在职攻读硕士学位班开始招生。
	苏州大学有12位同学入选江苏省大学生体育代表团参加第七届全国大学生运动会，为江苏省大学生体育代表团最终获得全国团体总分第四做出了贡献。

2005 年

2月27日	中国管理科学研究研究院科学研究所公布中国本科专业排行榜：苏州大学体育教育专业在全国190所大学中排名第三；运动训练专业在全国54所大学中排名第三。
3月15日—19日	体育学院院长王家宏教授、副院长张宏成教授赴美国田纳西州立大学交流访问，并与校方签订了合作意向书。
6月13日	美国田纳西州立大学郭子斌教授来学院作报告。
7月29日—8月4日	受日本少林寺流空手道联盟的邀请，由苏州大学体育学院副院长李翔、院长助理蔡赟、民族传统体育专业3名学生及1名日本留学生组成的代表团赴日本参加了在鹿儿岛举行的第一届国际空手道比赛。
9月4日	英国邓迪大学王威杰博士来学院作讲座。
10月	体育学院承办第十届全国运动会女子举重比赛。苏州大学被评为全国群众体育先进单位及第十届全国运动会最佳赛区。
11月4日	《体育文化导刊》主编古柏老师来学院作讲座。
12月8日—10日	首届中国篮球文化论坛在体育学院召开。
是年	周春秀在韩国东亚女子马拉松邀请赛中获得第一名；顾薇在世界举重锦标赛女子举重58公斤级比赛中获得第一名。 体育学院被教育部批准为全国高校高水平招生学校。

2006 年

4月30日	王家宏教授被评为苏州市劳动模范。
5月19日—22日	第三届全国体育大会"苏州太湖体育论坛"在苏州太湖举行。
7月18日—31日	由苏州大学体育学院院长王家宏、副院长李翔和社会体育部主任罗时铭等人组成的代表团应邀赴瑞士和英国进行访问。在为期14天的访问中，代表团先后在国际奥委会、伦敦奥组委及剑桥大学、牛津大学、爱丁堡大学、曼彻斯特大学等6所高校进行了学术和办学方面的合作交流活动。
8月	苏州大学体育学院正式与国际奥林匹克博物馆研究中心（瑞士洛桑）建立合作关系，成为其认定的中国合作研究伙伴。

11月15日	张雪根书记调离学院,王坤泉任体育学院党委书记。
12月25日	在第十五届亚运会上,体育学院陈珏在田径女子4×100米接力比赛中获得冠军;吴静钰在女子跆拳道47公斤级比赛中获得冠军。
12月	体育学院主编的"现代体育文化"系列丛书(北京体育大学出版社)正式出版,《光明日报》专门为该丛书作了述评。
是年	学院体育教育训练学专业被评为江苏省首批品牌特色专业。体育学院获得民族传统体育硕士学位授予权。 张宏成教授主编的《大学体育新教程》获苏州大学精品教材二等奖;戴俭慧副教授主编的《全民健身》获苏州大学精品教材资助立项。

2007年

4月	体育学院与美国南新罕布什尔大学签订了合作意向书。
8月	体育学院主编的系列丛书"现代体育精品研究系列"(北京体育大学出版社)正式面世。
9月	台北市立体育学院与苏州大学体育学院签订交流合作协议。
10月23日—26日	由体育学院院长王家宏教授领队、20多名老师组成的体育学院代表团赴北京参加第八届全国体育科学大会。学院罗时铭教授在大会上作了专题主报告发言,其他教师进行了专题报告和墙报交流。
11月	体育学院与中国皮划艇协会签订合作协议。双方商定由体育学院为中国皮划艇队提供长期、稳定、高效、全方位的科研服务和智力支持,以确保中国皮划艇队在北京奥运会上实现金牌全面突破的战略目标。
是年	体育学院获得教育部批准的江苏省第一个体育学博士后流动站。 "篮球"课程获得江苏省精品课程和国家精品课程殊荣。王家宏教授获得"全国模范教师"称号。 周春秀在伦敦国际马拉松赛女子马拉松赛中夺得冠军。 苏州大学有26位同学参加第八届全国大学生运动会,参加田径、游泳、武术等项目比赛,取得了6枚金牌、6枚银牌、6枚铜牌的优异成绩,最终以184.5分位居本届大学生运动会参赛高校"校长杯"排名前20,第一次荣获"校长杯"。

2008 年

2月25日	学院和江苏省体育科学研究所合办的机能评定与体能训练实验室被国家体育总局批准为国家体育总局重点实验室。
2月26日	苏州大学被评为2006—2007年度江苏省体育教育工作先进高校。
2月29日	由学院王家宏教授与河南大学、首都体育学院合作完成的"21世纪体育教育人才培养的研究"获2007年江苏省高等教育教学成果一等奖。
2月29日	学院党委朱建刚副书记撰写的论文《对高校、家庭和学生新型互动关系的研究》获评"2003—2007江苏省高校思想政治教育优秀科研成果"论文、报告类一等奖。
5月25日	体育学院院长王家宏教授、梁懿老师、本科生刘蕴清作为北京奥运会火炬手在苏州传递了奥运火炬。
7月4日	由学院主办、苏州市平江区培智学校协办的2008年苏州大学特奥实践活动在苏州大学东校区圆满落幕。体育学院副院长蔡赓、苏州市平江区培智学校校长张苏华出席活动并致辞。
8月1日—4日	学院11位师生赴广州参加首次由国际体育科学与教育理事会、国际运动医学联合会、国际奥委会和国际残奥会四家国际组织共同主办的2008年奥林匹克科学大会。
8月20日	体育学院吴静珏同学在北京奥运会女子跆拳道49公斤级的比赛中获得金牌；陈艳青同学获得女子举重48公斤级金牌。
8月24日—25日	体育学院在浙江省长兴县委党校召开学院建设发展研讨会，明确了学院今后的发展方向。
9月1日	澳大利亚昆士兰大学体育休闲系原主任阿里斯泰尔（Alistair）来学院从事本科生、研究生的教学及青年教师培养工作，阿里斯泰尔先生是学院聘请的首位外籍教师。
9月2日	学院2006级民族传统体育专业本科生吴静钰和陈艳青被共青团中央、全国青联授予"中国青年五四奖章"。
9月8日	江苏省教育厅公布了2008年度江苏省研究生培养创新工程项目评选结果，学院2005级博士生陶玉流撰写的《篮球运动的文化哲学阐释》（导师：王家宏教授）获评普通高校研究生科研创新计划；2004级体育人文社会学研究生王妍撰写的《伪满体育研究》（导师：罗时铭教授）获评江苏省2008年度优秀硕士学位论文。此外，学院还成功申承2008年度江苏省博士研究生学术论坛"中国

	体育：创新与发展"。
9月22日	经学校推荐、江苏省教育厅组织专家评选并审定，学院王家宏教授获得"第四届江苏省高等学校教学名师"称号。
9月23日	共青团江苏省委授予学院吴静钰同学"江苏省新长征突击手标兵"荣誉称号。
10月7日—10日	学院党委副书记朱建刚带领院学生男子木球队参加北京2008年海峡两岸大学木球交流大会，获得男子团体第五名。
11月7日—9日	由中国体育科学学会和江苏省教育厅联合主办、苏州大学承办，以"中国体育：创新与发展"为主题的第五届全国青年体育科学学术会议暨第二届中国体育博士高层论坛和2008年江苏省体育博士研究生学术论坛在苏州大学隆重举行。

2009 年

1月6日	国际奥委会主席雅克·罗格先生致信朱秀林校长和学院王家宏教授，对苏州大学在2008年北京奥运会期间所做的重要贡献表示感谢，对学校取得的优异成绩表示衷心祝贺。
1月11日	学院获科研工作创新特色奖。
6月23日	美国春田大学校长理查德·弗林博士一行来苏州大学访问。
11月10日—12日	由国家体育总局政策法规司主办的题为"由体育大国向体育强国迈进"专题座谈会在苏州大学红楼会议中心举行。

2012 年

4月23日—25日	由中国体育科学学会主办的2012年《体育科学》杂志编委会会议在苏州大学召开。
6月2日	2012年江苏省万名中小学体育教师培训工程苏州大学培训点开班典礼在苏州大学东教楼举行。
8月9日	学院2011级硕士研究生吴静钰在伦敦第三十届奥运会女子跆拳道49公斤级比赛中蝉联奥运冠军。
8月20日	苏州市人民政府隆重举行苏州市奥运健儿表彰大会，苏州大学体育学院荣获集体二等功，体育学院院长王家宏教授出席了此次表彰大会并接受了表彰锦旗。
9月19日	在2012年9月18日结束的第九届全国大学生运动会中，苏州大学运动员、教练员共获得5枚金牌、6枚银牌、9枚铜牌，破两项大

	学生运动会纪录，为江苏省代表团总分贡献了 263.66 分，位居江苏高校之首，为江苏省代表团获团体总分第四名做出了突出贡献。
10月9日—16日	亚洲大学生跆拳道锦标赛在马来西亚沙巴隆重举行。苏州大学代表队共获得 2 个第一名、3 个第四名和 1 个第六名。
11月29日	学院与张家港市沙洲中学"中学体育教育研究基地"合作协议签字仪式在张家港市沙洲中学举行。

2013 年

3月23日	中国教育学会体育与卫生分会——中国高等教育学会体育专业委员会常务理事会在苏州大学召开。
4月28日	江苏省体育科学学会体育管理专业委员会成立大会暨第一次全体委员会议在苏州大学凌云楼 902 会议室隆重召开。
9月5日	"中州杯"两岸篮球邀请赛在台湾中州科技大学篮球馆顺利开幕。由体育学院党委书记朱建刚带队的苏州大学交流团一行 14 人参加了本次邀请赛。
9月12日	第十二届全国运动会圆满落幕，学院共有 54 名运动员参赛，共 10 人次获得第一名、12 人次获得第二名、8 人次获得第四名、11 人次获得第五名、8 人次获得第六名。
10月16日—21日	江苏省第十八届运动会高校部慢投垒球比赛在南京工业大学江浦校区隆重举行，苏州大学慢投垒球队荣获甲 A 组第二名，取得了历史最好成绩。王雷和梁婉月同学获得"体育道德风尚运动员"荣誉称号。
11月8日—10日	由国务院学位委员会体育学学科评议组主办，苏州大学承办，苏州大学研究生院、体育学院协办的第四届体育学博士生导师论坛在苏州大学举行。
12月2日—6日	第十八届江苏省运动会高校部甲组（高水平组和普通组）乒乓球比赛在南京信息职业技术学院举行。苏州大学代表队获得女子团体冠军、男子团体第三名。吴贝丽、张凯宁夺得女子双打冠军；杜泽明获得男子单打冠军；吴贝丽获得女子单打亚军；张笑获得女子单打第六名；杜泽明、吕文正获得男子双打第六名；黄麒获得男子单打第七名。苏州大学代表队获得甲组乒乓球比赛团体总分第三名。
12月6日—7日	由中国体育科学学会体育产业分会主办、苏州大学体育学院承办的以"中国梦——我国体育产业的发展与构想"为主题的第七届

	全国体育产业学术会议在苏州大学召开。
12月27日	台北市立大学郭家骅教授应邀到学院参加交流。双方签订了正式合作协议，同时就研究生双学位培养的相关细节问题进行了商谈，并达成了初步合作的意向。

2014年

3月17日	全国政协原常委、北京市人大常委会副主任、博士生导师田麦久教授在苏州大学本部红楼报告厅作学术报告。
3月25日	应苏州大学邀请，台湾艺术大学男子篮球队到访苏州大学，与苏州大学男子篮球队进行了友谊比赛、战术训练等交流活动。
3月26日	中国武术协会秘书长、康戈武研究员在凌云楼为学院研究生作题为"中国武术段位制与学校武术教育"的学术报告。
3月31日	苏州市体育文化研究会在苏州市体育中心召开成立大会，学院罗时铭教授担任会长。
4月21日—24日	第十八届江苏省运动会高校部甲B组排球比赛在江苏大学体育馆落下帷幕。苏州大学男子排球队和女子排球队分别取得男排第一名、女排第三名，女排获评体育道德风尚奖代表队。
4月22日	国际乒乓球联合会科学技术大会主席米郎先生和中国乒乓球协会副秘书长张晓蓬先生一行来苏州大学进行访问和工作交流。
5月7日—18日	第十八届江苏省运动会高校部田径比赛在南京航空航天大学隆重举行。苏州大学田径队获得9枚金牌、5枚银牌、4枚铜牌，男女团体总分第三名，男子团体总分第二名，女子团体总分第六名，并荣评体育道德风尚奖代表队。
5月20日	第十八届江苏省运动会高校部龙狮比赛在南京理工大学落下帷幕。学院代表队取得了舞龙规定套路第七名、舞龙自选套路第四名、北狮自选套路第二名、北狮竞速第一名，以及团体总分第二名。
5月27日	第十八届江苏省运动会高校部游泳比赛在南京大学仙林校区游泳馆落下帷幕，苏州大学游泳队共获得17枚金牌，以团体总分406分的成绩列全省高校第二名，代表队同时获评道德风尚奖。
6月2日	第十八届江苏省大学生运动会龙舟比赛在常熟沙家浜景区举行。苏州大学龙舟队获得本科组200米直道竞速和500米直道竞速两个第二名，团体总分第二名，同时苏州大学获评道德风尚奖单位。
6月13日	苏州大学体育学院与苏州市体育中心全面合作签约暨授牌揭牌仪式在苏州市体育中心体育馆二楼会议室举行。

7月21日—25日	由国家体育总局健身气功管理中心、山东省体育局主办的2014年全国高等院校健身气功比赛在山东体育学院日照校区举行。苏州大学代表队荣获"体育道德风尚运动队"称号，并获得五禽戏、六字诀普通功法集体二等奖和三等奖。
9月13日—14日	由苏州市教育局、苏州市文化广播电视新闻出版局、苏州市文学艺术界联合会共同主办的苏州市首届校园舞蹈大赛在胥江中学举行。学院男子群舞作品《猎山谣》获得大专院校组金奖；丁海峰老师获得"优秀指导教师"荣誉称号。
9月19日—25日	第十八届江苏省运动会高校部羽毛球比赛在淮安师范学院隆重举行。苏州大学羽毛球队获得男子团体亚军、女子团体冠军、男子双打冠军、男子单打亚军、女子单打冠军、女子双打亚军的优异成绩，并获评体育道德风尚奖代表队。
9月26日	第十八届江苏省运动会闭幕式在淮安体育中心体育馆隆重举行。苏州大学荣获本届省运会高校部团体总分第一名，高校部"校长杯"第一名。
9月27日	中国特奥大学计划（EKS）苏州大学融合活动在苏州大学举行，共有100余名特奥运动员和5所高校的150多名大学生志愿者参与。
11月11日	国家体育总局科教司综合处处长谢燕歌为学院师生作了题为"体育内涵与体育学科建设"的学术讲座。
11月14日—15日	江苏省体育教育专业联盟工作会议在苏州大学举行。
11月15日—16日	由体育学院承办的2014年华东区高等学校体育院（系）协作组年会在苏州大学召开。
11月14日—17日	由江苏省社会体育管理中心、江苏省健身气功管理办公室主办的2014年江苏省高等院校健身气功比赛在东南大学举行。苏州大学代表队获评体育道德风尚运动队，并获得五禽戏、六字诀、八段锦普通功法3项集体一等奖和五禽戏普通功法集体二等奖。
11月29日—30日	由中国体育科学学会运动训练学分会主办、苏州大学体育学院承办的田麦久教育思想暨"人·发展·竞技体育"学术研讨会在苏州大学举行。
12月5日—7日	2014年江苏省体育学研究生教育创新论坛在苏州大学举办。
12月26日	在第十八届江苏省运动会中，苏州大学获得本科院校组团体总分暨"校长杯"第一名，并以满分获得体育道德风尚奖代表团第一名。

2015 年

4月12日—19日	"2014—2015赛季'特步'中国大学生校园足球联赛"南区赛（超级组）比赛落下帷幕。苏州大学足球队获得全国总决赛的晋级名额。
4月23日—25日	由国际乒乓球联合会授权，中国乒乓球协会、中国体育科学学会、第五十三届世界乒乓球锦标赛组委会主办，苏州大学承办的第十四届国际乒联科学大会暨第五届持拍类运动科学大会在苏州大学隆重召开。
5月8日—9日	江苏省体育教育专业联盟工作会议在苏州大学召开。
5月21日—25日	由国家体育总局、中国龙狮协会与靖江市人民政府主办，江苏省社会体育管理中心、江苏省龙狮运动协会以及靖江市体育局等单位共同承办的全国龙狮大赛在靖江市体育中心举行。苏州大学舞狮队参加了本次全国比赛。
5月30日—31日	由中国大学生体育协会主办，中国人民大学苏州校区承办，中国大学生体育协会乒乓球分会、江苏省教育厅协办的第六届全国大学生阳光体育乒乓球比赛在苏州工业园区独墅湖体育馆举行。体育学院代表队获得一等奖。
5月30日—6月1日	由国家体育总局体操运动管理中心、中国大学生体育协会、中国中学生体育协会、溧阳市政府主办的全国啦啦操锦标赛在溧阳体育馆举行。体育学院啦啦操代表队首次参加，并获得大学组啦啦操自选动作的第三名。
7月11日	在韩国光州举行的第二十八届世界大学生夏季运动会上，苏州大学张华同学在女子跆拳道62公斤级比赛中夺得冠军。
7月21日—23日	由国家体育总局、安徽省体育局主办的2015年全国高等院校健身气功比赛在安徽省池州市举行。苏州大学健身气功代表队在比赛中获评体育道德风尚运动队并取得六字诀集体一等奖、五禽戏集体二等奖、个人单项第五名。
8月7日	台湾科技大学、台湾高雄大学、台湾"中央大学"体育教师代表来学院进行交流。
10月12日—17日	由江苏省教育厅主办的第一届江苏省高校体育教育专业校园足球联盟比赛在江苏师范大学举行。学院体育教育专业足球代表队获得专项技能比赛一等奖、八人制比赛第三名。

7月17日—18日	由中国康复医学会体育保健康复专业委员会、教育部普通高校体育教学指导委员会理论组联合主办，苏州大学承办的"2015全国体育保健康复学术会议暨全国高校运动康复专业学生技能大赛"在苏州大学东吴大讲堂召开。
11月4日	由学院程战铭教授编著的《中国气排球》图书首发式在浙江东阳横店影视城举行。
11月13日—14日	2015年江苏省学生体质健康监测点高校学生体质健康监测与促进工作会议在学院召开。
12月28日	台北市立大学副校长欧远帆率代表团访问苏州大学，并赴体育学院进行交流。

2016年

1月4日	台湾体育运动史学会会长王建台教授应邀来学院讲学。
1月6日	美国春田大学健康、体育和休闲学院刘展教授应邀来学院讲学。
4月6日	学院特邀加拿大哥伦比亚课程与教学系副教授和研究生项目负责人珍妮·阿德勒·肯特尔（Jeanne Adele kentel）来学院讲学，主题为"沉浸于游戏：让中国不活跃的课堂活跃起来"。
4月6日	美国HOP Sports公司副总裁（全球事务和研究主管）、《亚洲运动科学学报》总编辑、亚洲运动科学协会前会长钱铭佳教授来学院讲学，主题为"全球体育和健康的新方向与展望：互动科技和多媒体的角色与应用"。
4月4日—12日	第十八届CUBA中国大学生篮球联赛（东南赛区）在浙江大学举行。苏州大学男子篮球队取得了东南赛区第九名的历史最佳成绩。
6月6日—7日	美国俄亥俄州立大学李卫东副教授应邀来学院讲学。
6月18日—19日	2016年世界名校龙舟大赛在黑龙江省大庆市举办。苏州大学龙舟女队取得500米直道竞速第二名、200米直道竞速第二名、2000米环绕赛第三名，总成绩居参赛24所大学次席。
6月25日	学院与南京雨花台中学共建足球项目生源基地并举行签约仪式。
7月15日—20日	由中国大学生体育协会、中国田径协会主办，中国大学生体育协会田径分会协办，福建闽南理工学院承办的"石狮杯"第十六届全国大学生田径锦标赛隆重举行。苏州大学田径队获得3项第一名、1项第二名、2项第三名、3项第四名、2项第五名、1项第六名、1项第七名，团体总分进入前十名，并获得体育道德风尚奖，

	领队兼教练徐建荣被评为优秀教练员。
7月26日—28日	由国家体育总局健身气功管理中心主办、内蒙古自治区体育局承办的2016年全国高等院校健身气功比赛在呼和浩特市举行。苏州大学健身气功代表队参赛，取得六字诀普及功法甲组集体第三名、五禽戏竞赛功法甲组集体第四名。郭通通荣获八段锦普及功法男子甲组第一名，戴冬玲荣获六字诀普及功法女子甲组第二名，周万辉荣获易筋经竞赛功法男子甲组第五名并被评为体育道德风尚运动员。苏州大学代表队荣获体育道德风尚奖。
9月8日	苏州大学学生参加里约奥运会总结表彰会在苏州大学天赐庄校区红楼会议中心召开。
10月20日	美国春田大学健康、体育和休闲学院刘展教授在凌云楼作了题为"肌肉离心收缩训练在发展爆发力和预防运动损伤中的应用"的讲座。
10月18日—21日	第七届江苏省全民健身运动会气排球大赛在扬州李宁体育健身中心举行。苏州大学教工男队荣获亚军，女队获得小组第四名。
10月22日	"2016国际体育历史与文化学术大会"在上海体育学院举行，主题为"亚洲足球与社会发展"。学院2013级和2014级体育教育专业的8名本科生收到学术会议邀请函并出席了本次会议。本次会议是体育学院体育系精心组织的一次本科学生科研创新活动。
10月20日—22日	由中国体育科学学会社会科学分会与《成都体育学院学报》联合主办，江苏体育产业协同创新中心、苏州大学体育学院承办的2016年体育学科发展青年论坛在苏州大学举行。
10月28日	为顺应"健康中国2030"服务大众运动健身和康复需求，由苏州市卫生和计划生育委员会、苏州市体育局和苏州大学体育学院三方合作的"运动云医院"在苏州市会议中心进行了启动仪式。
11月8日	韩国首尔大学宋俞博士在苏州大学凌云楼作了题为"肌肉力量与功能来源"的讲座。
11月9日	美国伊利诺伊州立大学朱为模教授在文辉楼作了题为"认识能力开发+意志力培养+慢病预防=21世纪新体育"的讲座。
	美国体育和健康教育者协会合作公司委员会委员、美国国会体育促进委员会委员沙朗·沃伦（Sharon Warren）女士，以及美国伊利诺伊州立大学朱为模教授在东区体育馆举办讲座，主题为"关于心率监控在体育教学中的应用"。
11月26日—27日	在苏州高等职业技术学院举行的第三届"爱达杯"苏州国际剑道公开赛上，学院女队获女子新人团体赛和女子团体赛第三名。

12月2日—4日	由国家体育总局体操运动管理中心、开化县人民政府主办，全国排舞运动推广中心承办的"'创本杯'2016舞动中国"——全国首届广场舞大赛在浙江衢州开化占旭刚体育馆举行。苏州大学16名健美操队员参加了青年组开放曲目、自选曲目和规定曲目三个项目的比赛，均获得二等奖，同时还获得青年组团体总分第三名。
12月18日—20日	由全国高等学校体育教学指导委员会主办，全国高等学校体育教学指导委员会技术学科组、江苏省青少年校园足球领导小组办公室、江苏省教育学会体育专业委员会、江苏省体育教育专业联盟、苏州大学承办的"2016校园足球改革与创新国际研讨会"在苏州大学隆重召开。
12月21日	美国怀俄明大学朱骧博士在苏州大学凌云楼作了题为"人类进化到健康：运动行为学研究的意义"的讲座。
12月26日—28日	《运动损伤与康复》和《体育竞赛学》教材编写启动工作会议在苏州大学召开。国务院学科评议组体育学科组成员王家宏教授出席会议并讲话，对教材编写工作提出了指导性意见。高等教育出版社体育分社汪鹏主任对"十三五"期间如何编写好体育专业教材及其建设新方向等相关问题进行了报告。

2017年

1月3日	国家体育总局政策法规司原司长谢琼桓教授以"近百年来体育发展的价值取向"为主题为学院师生作了一场精彩的学术讲座。
3月17日	苏州大学江苏体育健康产业研究院（以下简称"研究院"）成立仪式于3月17日在苏州大学红楼会议中心隆重举行，研究院的成立是江苏省体育局和苏州大学共同贯彻国务院纲要文件精神的重要举措，是共同合作领域的进一步拓展。
3月25日	苏州大学承担的国家社会科学重大课题"中国体育深化改革重大问题的法律研究"在苏州大学举行了开题报告会。王家宏教授作了题为"中国体育深化改革重大问题的法律研究"的开题报告。江苏省体育科学学会体育法学专业委员会在苏州大学举行成立大会，来自全省体育法学术界、司法界和产业界的70余名委员出席了本次大会。
3月27日	苏州大学校长助理兼国际合作交流处处长张晓宏、港澳台办副主任茹翔、国际合作交流处国际项目管理科科长徐雯彦、学生交流科科长梅琳一行4人莅临学院调研国际交流工作。

4月7日	北京体育大学田麦久教授在苏州大学文辉楼为学院师生作了题为"东京奥运会备战方略之我见"的学术讲座。
4月7日	武汉体育学院胡亦海教授在苏州大学文辉楼作了题为"国际现代运动训练理论与实践创新现状"的学术报告。
4月8日	"奥冠风采诗词创作暨竞技参赛理论"学术研讨会在苏州大学凌云楼召开。
4月14日	意大利米兰大学和瑞士伯尔尼大学双聘的约勒·法略里教授在苏州大学凌云楼为学院师生作了题为"古罗马的体育与体育法"的学术讲座。
4月18日	江苏省体育局副局长颜争鸣、江苏省体育局群体处副处长吉春英、江苏省龙舟队教练一行4人来访体育学院。
4月21日—23日	中华人民共和国第十三届学生运动会武术预赛在上海中医药大学落下帷幕。体育学院于明礼同学、朱柯同学代表苏州大学参赛，并顺利晋级决赛。
4月26日	"名城名校"体育战略合作研讨会在苏州大学天赐庄校区召开。
4月29日	第十三届全运会马拉松赛暨2017天津（武清）国际马拉松赛在天津市武清区正式鸣枪起跑。苏州大学学生王雪芹、魏小杰、刘壮作为江苏队选手参加女子马拉松团体赛并获得了一枚银牌。
4月28日—30日	2017年"烟台精武文化杯"中国四人制（公园）排球公开赛鲁东大学站的比赛在山东烟台市鲁东大学举行。苏州大学体育教育专业代表队取得了女排第四、男排第七的成绩。
5月5日	杨静珍博士在苏州大学文辉楼作了题为"运动损伤的心理康复"的学术报告。
5月5日—7日	2017年江苏省大学生田径锦标赛（高水平组）暨第十三届全国学生运动会江苏省田径代表队选拔赛在南京大学仙林校区举行，苏州大学田径队获得8个第一名、7个第二名、7个第三名。
5月13日—14日	2016—2017年全国啦啦操联赛（东海站）暨2017年江苏省职业学校第八届啦啦操锦标赛在江苏省连云港市东海县举行。苏州大学体育学院派出17名队员参加了此次比赛，取得公开青年乙组花球规定动作第一名和公开青年乙组集体花球自选动作第一名。
5月16日	武汉体育学院陈宁教授在苏州大学凌云楼作了主题为"分子运动生理学在运动科学中的前沿研究与潜在价值"的学术报告。
6月9日	我国体育法专家谭小勇在苏州大学凌云楼作了题为"我国体育行业协会自治论纲"的讲座。
6月16日	美国俄亥俄州立大学体育运动与教育学院李卫东博士为学院师生

	作了主题分别为"SSCI & SCI 文章写作和投稿""如何成功地在美国体育教学期刊发表文章"的讲座。
6月23日	美国怀俄明大学运动技能学与健康系代表团由系主任德里克·斯密斯（Derek Smith）博士带队来学院进行交流访问。运动技能学与健康系副主任特里斯坦·沃黑德（Tristan Wallhead）博士在凌云楼为学院师生作了题为"体育通识和运动教学：现状与将来的挑战"的学术讲座。
7月15日—17日	中华人民共和国第十三届全国运动会龙舟决赛在湖南常德举行。苏州大学2014级体育教育专业学生金霞、丰芹、周琴、尤敏代表江苏省女子龙舟队出征全会，共获得女子12人龙舟500米直道赛银牌、女子22人龙舟200米直道赛铜牌、女子12人200米直道赛铜牌、女子12人100米直道赛铜牌。
7月21日	第四届篮球文化论坛暨篮球运动发展国际研讨会在苏州大学敬贤堂隆重举行。本次论坛以"中国篮球：改革与创新"为主题，对篮球体制改革、篮球文化建设、篮球产业研究等议题进行了深入探讨。
8月14日	由教育部主办、全国校园篮球联盟承办、"NBA 中国"协办的2017年全国中小学校园篮球教师培训营（江苏站）在苏州大学开营。
9月1日—5日	由教育部、国家体育总局、共青团中央联合主办的全国第十三届学生运动会科学论文报告会在浙江工商大学举行。本届报告会以"健康中国·学校体育的使命与发展"为主题，是大学生运动会、中学生运动会合并后举行的第一次科学论文报告会。苏州大学共有6名师生参加。学院陈瑞琴老师和2015级硕士研究生程胥的论文荣获一等奖，王平、王荷英、邱林三位老师的论文荣获二等奖，2015级硕士研究生万文博的论文获得三等奖。
9月8日	中华人民共和国第十三届全国运动会在天津闭幕。体育学院教师蒋兰，研究生孙杨、王雪芹、胡雨飞、刘利平及本科生徐奕飞、刘江等三十余名师生参加了6个大项的比赛，取得9枚金牌、4枚银牌、3枚铜牌、两个第五名、两个第七名。
9月14日	"一带一路"框架下残疾人事务主题活动暨2017北京国际康复论坛暨国际残疾政策与发展高峰论坛在北京国家会议中心召开。体育学院是本次高峰论坛的主办方之一。体育学院院长王国祥受邀作主题演讲，学院运动人体科学系主任张秋霞教授出席本次大会，学院特聘教授邱卓英教授作了"残疾和康复：实现联合国2030议

	程可持续发展目标"主题发言。
9月16日	第十三届全国大学生运动会胜利闭幕。苏州大学24名运动员入围江苏省大学生体育代表团，获得6枚金牌、4枚银牌、6枚铜牌。
10月18日	国家体育总局武术研究院专家委员会专家王培锟先生在凌云楼为学院师生做了题为"从历史深处走来的太极拳"的学术讲座。
10月21日	2017年"秦剑杯"CKOU全国剑道大赛在西安欧亚学院体育馆举行。苏州大学剑道队最终获得女子新人赛B组冠军，女子新人赛A组、B组双亚军，男子新人赛B组季军，何艺文获得"敢斗奖"称号。
10月22日—26日	由江苏省教育厅、江苏省体育局主办，江苏省学生体育协会高校工作委员会协办，南京师范大学承办的江苏省高校甲A组网球比赛在南京举行。苏州大学代表队以总分45分获得团体总分第四名，并获体育道德风尚奖。
11月16日—19日	2017全国高校运动康复专业学生技能大赛在泰山医学院举行。体育学院代表队参加了本次全国技能大赛，获团体二等奖。
11月24日	体育教育专业技术教学改革与发展高级研修班在体育学院开班。
11月28日	由国家体育总局体操运动管理中心主办的2017年"福摩杯"舞动中国——广场舞联赛总决赛在浙江省杭州市滨江区体育馆闭幕。学院健美操队参加了青年组小集体规定曲目、自选曲目二个项目的比赛，均获得第一名，同时还获得青年组小集体团体总分第一名。
12月5日	美国俄亥俄州立大学体育运动与教育学院李卫东博士为学院师生带来了两场学术专题讲座，主题分别为"文章写作技巧和投稿""最有效的体育教学方法和手段"。
12月10日	学院2016级运动训练专业本科生郭丹获得速度滑冰世界杯美国盐湖城站Mass Start女子集体出发第二名。
12月14日	由联合国驻华系统主办、苏州大学残疾功能评定与运动康复研究中心协办的"构建包容残障的可持续发展目标监测框架、指标和方法"专家研讨会在北京联合国大楼举行，体育学院院长王国祥及研究团队成员应邀出席会议。
11月28日—12月4日	学院戴俭慧教授参加了在巴西桑托斯举行的第一届金砖国家体育运动科学大会，会议的主题是"体育大型活动与健康促进：体育与运动科学的政策与遗产"。
12月27日	体育学院举办"砥砺前行二十载 不忘初心铸辉煌"二十周年院庆暨迎新年文艺汇演。

2018 年

2月24日	在韩国平昌举行的第二十三届冬季奥林匹克运动会上，学院2016级本科生郭丹夺得速度滑冰女子集体出发项目第十名。她是首位站上冬奥会赛场的苏州运动员。
3月10日	苏州大学"残疾功能与运动康复研究中心建设"专家研讨会暨"促进居家重度残疾人参与康复体育锻炼的实施方法和手段的研究"康复体育进家庭项目推进会在苏州大学红楼会议室召开。
3月12日	苏州市体育局、苏州大学体育学院、苏州大学江苏体育健康产业研究院在苏州市体育局召开战略合作推进会。
4月7日—8日	2018年江苏省大学生田径冠军赛（高水平组）短跨、接力项群赛在苏州大学东校区田径场举行。
4月12日	由苏州市教育局和体育局共同主办、苏州市青少年校园足球工作领导小组办公室承办、苏州大学体育学院协办的2018年苏州市"市长杯"青少年校园足球联赛总决赛开幕。
4月21日	"2018 New Balance"中国大学生校园路跑接力赛华东赛区的比赛在浙江工业大学举行。苏州大学代表队获得菁英组亚军。
5月18日	联合国教科文组织驻华代表处总干事欧敏行访问苏州大学，苏州大学校长熊思东、副校长张晓宏在苏州大学本部红楼会议中心会见了欧敏行一行。
7月8日—16日	全国青少年校园足球骨干师资国家级专项培训活动在苏州大学举行。
7月21日—31日	第三十二届中国大学生手球锦标赛暨首届中国大学生沙滩手球锦标赛在山东体育学院日照校区、日照海洋公园举行。苏州大学男子手球队获得男子丙组室内手球赛冠军和沙滩手球赛季军。
8月31日	学院体育学一级学科学位授权点合格评估会在苏州大学本部红楼会议中心召开。
9月3日	第十八届亚运会在印度尼西亚雅加达举行，学院共有4名学生和校友代表中国参赛，获得4枚金牌、3枚银牌、1个第五名和1个第六名。
9月12日	由苏州大学和苏州市体育局联合组织的"江苏体育发展战略和改革创新"主题报告会在苏州大学举行。
9月14日	第十七届世界剑道锦标赛在韩国仁川开赛，苏州大学体育学院的杨敬峰老师担任中国代表团的领队兼教练，代表团有10位男选

	手、10 位女选手、5 位教练共 25 人参加此次世锦赛。
9月28日	第十九届江苏省运动会闭幕式在扬州体育公园举行。苏州大学代表队蝉联本科院校组第一名，并获得了"校长杯"和"群众体育工作先进集体"荣誉称号。
10月20日	全国剑道锦标赛在石家庄举行。苏州大学代表队参赛，周春晖获得女子新人赛 A 组冠军，女子剑道队获女子团体赛第三名，男子剑道队获男子团体赛第二名。
12月27日—28日	第三届江苏省大学生体育健康产业创新创业大赛在常州大学举行。苏州大学代表队获得大赛二等奖及最具潜力特色奖。

2019 年

3月2日	第十九届香港亚洲公开剑道锦标赛在香港举行，苏州大学女子剑道队夺得团体亚军。
3月18日	江苏省教育厅副巡视员李金泉，体育卫生与艺术教育处处长张鲤鲤、主任科员古恺，来苏州大学调研体育卫生艺术与国防教育工作。
3月18日	由全国青少年校园足球工作领导小组办公室主办、中国教育科学研究院承办、苏州大学协办的全国青少年校园足球师资国家级专项培训——骨干教师培训（第八期）在苏州大学开班。
3月20日	国家体育总局政策法规司原司长刘岩在苏州大学文辉楼举办了有关奥运会法制的师生座谈会。 学院在校本部敬贤堂举办了研究生综合素养提升计划启动仪式。启动仪式结束后，国家体育总局政策法规司原司长刘岩做了题为"北京奥运会、冬奥会的法律实践"的学术讲座。
3月22日—29日	体育学院杨敢峰老师带领武术与民族传统专业的 3 名本科生、1 名研究生、1 名毕业生赴日本筑波大学进行中国武术与日本武道的交流访问。
3月29日—31日	2018—2019 中国大学生飞镖联赛（无锡站）在江南大学举行。苏州大学代表队获得 1 个第二名、5 个第三名、5 个第五名，团体总分位列乙组第四名。
4月13日	日本广岛大学剑道部师生到学院进行交流。体育学院党委书记杨清、院长王国祥、党委副书记李伟文、副院长陶玉流、民族传统体育系主任张宗豪等参加了交流活动。

4月21日—24日	第二十三届亚洲田径锦标赛在卡塔尔首都多哈举行。苏州大学有3名运动员入选中国田径队，他们是男子十项全能胡雨飞、男子400米栏冯志强和女子400米栏黄妍。
5月28日—6月2日	日本筑波大学体育系香田郡秀教授为学院武术与民族传统体育专业和体育教育专业的学生进行了为期一周的剑道教学。
7月3日—14日	第三十届世界大学生夏季运动会在意大利那不勒斯举行。学院单云云同学参加比赛，荣获跆拳道女子67公斤级亚军。
7月11日	由教育部主办，天津体育学院、全国高等学校体育教学指导委员会承办的2019年全国高校体育教育专业学生基本功大赛在天津体育学院闭幕。苏州大学获团体一等奖第一名、基础理论知识与教学技能类团体一等奖第一名、运动技能类团体一等奖第二名，并获评体育道德风尚奖代表队。于清华和王承浩二位同学被评为优秀运动员。
7月18日—23日	中、日、韩高校体育文化交流会在苏州大学举行，来自日本筑波大学、韩国龙仁大学的师生与苏州大学师生进行了武术（武道）交流。
7月23日	由中国大学生体育协会主办，华中科技大学承办的2019年全国大学生武术套路锦标赛在华中科技大学西体育馆落下帷幕。
7月25日—31日	2019年全国轮滑锦标赛暨第十四届冬季运动会轮滑比赛资格赛在浙江丽水举行。学院2016级郭丹同学获得成年组7项冠军，2019级李乐铭同学获得青年组8项冠军、1项亚军。
7月31日	2019年第十九届全国大学生田径锦标赛在内蒙古师范大学盛乐校区落幕。苏州大学田径队共获得2枚金牌、1枚银牌、1枚铜牌、2个第四名、1个第六名、2个第七名和1个第八名。王艺杰同学荣获"优秀运动员"称号，徐建荣老师荣获"优秀教练员"称号。
8月4日—8日	受教育部体育卫生与艺术教育司的委托，由全国篮球校园联盟和"NBA中国"合作开展的2019年全国青少年校园篮球骨干教师专项培训班（第一期）首站在苏州大学举办。
8月25日	第十四届全国冬季运动会速度轮滑比赛在内蒙古乌兰察布市闭幕，学院2016级学生郭丹夺得速度轮滑女子500米争先赛、女子10 000米积分淘汰赛、女子1 000米计时赛3枚金牌。
8月27日	第十九届中国大学生游泳锦标赛在兰州大学榆中校区落下帷幕，苏州大学游泳队朱莹莹获得女子乙组400米混合泳金牌、50米自由泳铜牌，郭永慧获得女子乙组1 500米自由泳银牌、800米自由

	泳铜牌，于嘉妍和夏梦晗分别获得女子甲组 50 米仰泳银牌和 50 米自由泳铜牌，另外游泳队还取得 1 个第四名、1 个第五名、3 个第七名和 1 个第八名。夏梦晗同学荣获体育道德风尚奖。
9月21日—22日	中华龙舟队大赛（南京六合站）在南京市六合区金牛湖旅游风景区举行。苏州大学男女龙舟队获得青少年男子 200 米直道赛第五名、500 米直道赛第六名，青少年女子 100 米直道赛第四名、200 米直道赛第三名、500 米直道赛第四名。
9月22日	由国家体育总局小球运动管理中心、中国壁球协会、江苏省体育局、宿迁市人民政府主办，江苏省壁球运动协会、宿迁市体育局、宿迁学院承办的中国国际壁球精英赛暨江苏壁球公开赛在宿迁市举行。苏州大学体育学院何芯茹同学在比赛中获第一名。
11月13日—16日	第三届东吴体育博士论坛在苏州大学举办。就体育学科前沿科技及研究热点展开探讨。
12月7日	由全国青少年校园足球工作领导小组办公室主办、中国教育科学研究院承办、苏州大学协办的 2019 年全国青少年校园足球师资国家级专项培训——骨干教师培训（第三期）在苏州大学开班。
12月7日	2019 年第三届"瀚叶杯"中国大学生壁球锦标赛在上海海事大学圆满落幕，学院何芯茹同学获得女子乙组单打第一名。
12月14日	第二十六届苏州市体育科学论文报告会在苏州华侨饭店举行。体育学院共 42 篇作品获奖，其中 2018 级运动训练专业李木子同学荣获比赛一等奖。
12月14日	由全国青少年校园足球工作领导小组办公室主办、中国教育科学研究院承办、苏州大学协办的 2019 年全国青少年校园足球师资国家级专项培训——骨干教师培训（第四期）在苏州大学天赐庄校区顺利开班。

2020 年

1月11日—12日	第十四届全国冬季运动会雪车比赛双人雪车和四人雪车项目在德国温特贝格举行。体育学院学生吴志涛和杜佳妮参加比赛，获得 3 项冠军。
10月17日	体育学院杰出校友、两届奥运会跆拳道冠军吴静钰应邀回母校参加苏州大学建校 120 周年庆典活动，并与体育学院学生进行了交流。
10月29日	苏州大学开展第十九届青年教师课堂教学竞赛活动。经个人申报、

	学院（部）推荐、学校组织专家评审，学院熊瑛子老师荣获校一等奖。
12月1日	苏州大学卓越体育教师培养研讨会暨苏州市名师发展共同体（体育组）集中研修活动在学院举行。苏州市各市区体育教研员、苏州市名师发展共同体（体育组）全体成员、学院体育教育专业全体学生及教师代表共200多余人参加了本次活动。
12月2日— 4日	江苏省体育局2020年体育产业管理干部培训班开班典礼在苏州太湖假日酒店会议厅举行。
12月5日— 6日	第五届江苏省大学生体育健康产业创新创业大赛暨第二届江苏省高校体育产业创新创业发展论坛在盐城师范学院举行。体育学院党委副书记、副院长丁海峰带队参赛。
12月21日— 22日	2020年国家体育总局决策咨询研究项目结项评审会在苏州大学红楼会议中心举行。国家体育总局政策法规司副司长来民、理论处相关人员，以及14位专家学者出席。

2021年

4月16日— 18日	由体育学院承办的中国康复医学会体育保健康复专业委员会2021年常务委员（扩大）工作会议在苏州大学召开。
4月17日	上海市体育局副局长、上海市体育总会常务副主席赵光圣应邀来体育学院作题为"全民健身国家战略的上海实践"的学术报告。
4月23日— 25日	由高等教育出版社主办、苏州大学体育学院承办的《全民健身概论》教材编审会暨全民健身学术研讨会在苏州大学召开。
5月1日— 4日	为贯彻校园足球国家战略，进一步落实《关于深化体教融合促进青少年健康发展的意见》精神，学院加强专业建设，提升人才培养质量，打造体教融合先行样板。
5月1日— 4日	由江苏省足球协会主办，苏州市足球协会、苏州大学体育学院联合承办的第十三期江苏省E级教练员培训班在苏州大学举办。
5月12日	中国武术八段、杨氏太极拳第五代传人、知名武术家崔仲三先生为学院师生及广大太极拳爱好者作了题为"古为今用说太极"的学术报告。
5月14日— 16日	江苏省第四期足球三级裁判员培训班开班仪式在体育学院举行。
5月17日— 21日	学院承办了2021年苏州市体育系统管理干部培训班。国家体育总局政策法规司副司长来民，苏州大学特聘教授、苏州大学东吴智

	库首席专家王家宏，苏州市体育局局长阙明清等领导出席了开班典礼。
6月10日—13日	由印尼内格里大学与全球健康社区基金会主办的第六届国际体育教育与运动科学大会线上会议举行。此次会议的主题是"锻炼和运动科学下的积极生活：全球创新和可持续发展的未来趋势"。学院戴俭慧教授和黄鹂老师带领桑学慧等11名研究生、黄鸿垚等5名本科生参加了此次会议。
7月5日	国家体育总局冬季运动管理中心举行冰雪项目2020—2021赛季表彰大会暨中国冰雪科学顾问等证书颁发仪式。学院研究生蔡春艳同学荣获"2020—2021赛季科医服务先进个人"称号。
7月17日	由教育部、国家体育总局、共青团中央主办的第十四届全国大学生运动会在山东省青岛市闭幕。苏州大学13名运动员代表江苏省参赛，为江苏省大学生代表团荣获团体总分第三名、江苏省大学生田径代表队荣获团体总分第二名及"体育道德风尚奖运动队"荣誉称号做出了重要贡献，苏州大学再次捧得"校长杯"。
10月17日	在世界女子羽毛球团体锦标赛"尤伯杯"决赛中，中国队战胜日本队，重新夺得尤伯杯。学院研究生何冰娇随队参赛。
10月22日—25日	由中国康复医学会体育保健康复专业委员会主办、上海体育学院承办、教育部普通高校体育教学指导委员会技术组协办的第四届全国高校运动康复专业学生技能大赛在上海体育学院举行。体育学院获得团体一等奖，沈翔宇和陈博诚同学获得个人一等奖，钱颖秋同学获得个人二等奖。
11月10日—12日	2021年苏州市体育局青年干部培训班在体育学院举办。
11月19日—21日	由苏州大学、江苏省教育学类研究生教育指导委员会主办，苏州大学研究生院、体育学院承办的第四届东吴体育博士论坛在苏州大学天赐庄校区召开。
12月4日—5日	第六届江苏省大学生体育健康产业创新创业大赛在常州工程职业技术学院举行，体育学院参加比赛。
	由江苏省高校体育教学指导委员会主办、南京师范大学体育科学学院承办的江苏省第九届体育学研究生教育创新论坛在南京师范大学举行，体育学院共有15位代表参加了论坛。
12月10日	由苏州大学江苏体育健康产业研究院、苏州大学东吴智库、苏州大学体育学院共同主办的2021年体育与健康产业发展论坛在苏州大学天赐庄校区召开。

2022 年

2月20日	体育学院2020级研究生郭丹、2021级研究生吴志涛和2021届本科毕业生杜佳妮参加了2022年北京冬奥会，并顺利完成比赛。
3月13日	2022年世界羽联巡回赛德国公开赛女子单打决赛落幕，学院2020级体育学专业研究生何冰娇同学获得女子单打冠军。
6月1日	体育学院"爱镖"飞镖社（试运营）在腾讯会议平台举办"'镖'动青春，逐梦前行"主题讲座，飞镖国家一级裁判员王建新为飞镖爱好者讲述飞镖发展史、介绍运动技巧。
6月27日—7月1日	第二十届江苏省运动会高校部网球比赛（甲A组）拉开帷幕。苏州大学网球队参加了男子团体、女子团体、男子单打、女子单打、女子双打及混合双打6个项目的比赛。
8月29日—31日	由江苏省体育局主办，江苏省体育科学研究所、江苏省体育科学学会承办，南京师范大学泰州学院协办，以"聚力创新，科技赋能体育高质量发展"为主题的第六届江苏省体育科学大会暨第二十届省运会科学报告会在南京师范大学泰州学院举行，体育学院共有19位代表参加了会议。
10月31日	2022年法国羽毛球公开赛在巴黎落下帷幕。在女单决赛中，体育学院研究生何冰娇夺得冠军。
12月8日	全国哲学社会科学工作办公室公布2022年度国家社会科学基金重大项目立项名单，王家宏教授担任首席专家申报的"新时代我国体育消费高质量发展研究"喜获立项。
12月13日	国家体育总局办公厅正式公布体育高端智库（2023—2025年）入选单位，"苏州大学东吴体育智库"成功入选。

2023 年

3月1日	体育学院在存菊堂举办"开学第一课暨信仰公开课"校级示范课。校党委副书记王鲁沛，宣学团有关部门领导，体育学院党政领导、各系部主任、全体班主任出席。
3月7日	苏州大学党委副书记王鲁沛来体育学院调研，党委办公室文秘科科长华乐陪同。体育学院党委书记朱建刚、院长陶玉流及体育学院领导班子全体成员参加座谈会。
3月10日	苏州大学体育学院联合苏州高新区实验小学校、苏州日本人学校

	开展中日体育"同课异构"交流研讨会。
3月18日—20日	由苏州大学体育学院承办的中国康复医学会体育保健康复专业委员会第一次常务委员会议在苏州大学顺利召开。
3月22日	体育学院在文辉楼举办青年马克思主义者培养工程·雷锋精神专题学习会。邀请苏州工业园区星宝计划青少年服务中心理事长徐伟做"凝聚微光,点亮星河——我和星儿的创益之路"专题讲座。
3月23日	南京师范大学体育科学学院党委书记徐锋、院长史曙生等一行来院调研交流。
3月25日	由苏州大学主办,苏州大学人文社科处、苏州大学东吴体育智库、苏州大学江苏体育健康产业研究院、苏州大学体育学院承办的新时代我国体育消费高质量发展研究研讨会在苏州大学天赐庄校区红楼会议中心召开。
3月28日	第21届中国大学生游泳锦标赛在厦门海沧体育中心游泳馆拉开帷幕。学校游泳队共获得1枚金牌、4枚银牌、4枚铜牌,并打破1项赛会记录,获得团体总分第三名和体育道德风尚奖。
4月7日—10日	中华人民共和国第一届学生(青年)运动会羽毛球组队选拔赛在苏州科技大学(石湖校区)体育馆举行。我校派出6名运动员参赛。
4月7日	体育学院在文辉楼召开2022—2023学年第二学期本科期中教学检查工作会议暨本科教育教学审核评估专题推进会。
4月12日	体育学院"卓越人才"班春季班开班典礼在文辉楼举行。
4月22日—23日	体育学院在文辉楼会议室举办了两场"互联网+"创新创业大赛指导讲座。"互联网+"大赛优秀指导老师光电科学与工程学院周孝进、轨道交通学院赵伟分别为体育学院参赛团队进行授课指导。
4月24日—26日	由中国大学生体育协会主办的第二十六届中国大学生网球锦标赛分区赛(华东赛区)在浙江东阳广厦建设职业大学举办。苏州大学体育学院学生杨海涛、智若恩、王国峰、徐苑丰获得体育院系组团体第三名。
5月5日	由安徽省教育厅、上海市教育委员会、浙江省教育厅、江苏省教育厅主办,长三角教师教育联盟协办,安徽师范大学承办的第四届长三角师范生教学基本功大赛落下帷幕。体育学院2019级体育教育专业刘玥同学荣获大赛综合组一等奖。
5月8日—9日	体育学院党政领导班子一行赴浙江大学和宁波大学进行交流访问。

5月15日	体育学院在文辉楼举行了学习贯彻习近平新时代中国特色社会主义思想主题教育专题读书班第五次集体学习会，院党委理论学习中心组全体成员参加了会议。
5月16日	体育学院在文辉楼与台北市立大学体育学院开展学术交流活动。
6月7日	在第二十届亚洲U20青年田径锦标赛上，体育学院2022级体育教育专业学生陈锦丰以20.81秒的个人最好成绩夺得男子200米决赛冠军。
6月14日	河海大学体育系系主任周强、系副主任孔令峰等一行来体育学院调研交流，双方在文辉楼召开了座谈会。
	体育学院"国家一流专业建设点"运动康复专业实习总结交流大会在文辉楼举行。
6月16日	第七届江苏省体育科学学会运动生物力学专业委员会换届工作会议在苏州召开。
	第七届江苏省体育科学学会体育教育专业委员会成立工作会议在苏州大学召开。
6月20日	体育学院陶玉流教授团队（陆阿明、樊炳有、王家宏）的"体育科研方法（含创新创业）"课程获批国家级线下一流本科课程。
6月30日	浙江中医药大学体育部主任骆红斌、副主任董霞斌一行来体育学院调研交流。
7月2日	体育学院在文辉楼开展学术交流会，邀请未来科学与工程体育学院副院长陈涛教授作专题讲座。
7月29日—31日	由国际大学生体育联合会（FISU）主办、成都大运会执委会和成都体育体育学院承办的成都FISU世界学术大会在四川成都隆重召开。
7月31日	全国蹼泳锦标赛暨中国大学生蹼泳锦标赛、全国蹼泳青少年U系列赛暨中国中学生蹼泳联赛在广西壮族自治区梧州市开幕。体育学院2022级运动训练专业陈俞冰在女子50米蹼泳、50米潜泳、100米蹼泳、200米蹼泳、800米蹼泳和1 500米蹼泳的个人单项比赛中夺得6枚金牌。苏州大学获得中国大学生蹼泳锦标赛女子团体总分第一名、团体总分第三名。
8月5日	在成都第三十一届世界大学生夏季运动会田径比赛中，中国代表队获得了10枚金牌，其中江苏运动员获得了3枚金牌。体育学院2020级体育教育专业本科生高兰获得女子20公里竞走个人季军，并与其队员获得女子20公里竞走团体冠军；2023级硕士研究生蔡燕婷在女子4×100米接力决赛中获得冠军。

8月7日—12日	由教育部、中国大学生体育协会主办的第七届中国大学生武术散打锦标赛在哈尔滨举办。体育学院代表队获得2枚金牌、3枚银牌、1枚铜牌，并获得体育道德风尚奖。
8月9日	第二十一届全国大学生田径锦标赛在安徽职业技术体育学院开幕。苏州大学代表队共获得2个第一名、1个第二名、1个第三名、1个第四名、1个第五名、2个第六名、3个第七名，3人达健将标准，9人达一级标准，并打破一项赛会纪录。
8月23日—25日	中国体育仲裁委员会在苏州大学举办第二期仲裁员履职培训班。
8月30日	体育学院在文辉楼报告厅举行了国家一流本科专业建设点（运动康复）暨苏州大学体育科技与健康国家体育科普基地"运动营养学"系列学术讲座。
9月5日	体育学院第十八次学生代表大会在文辉楼召开。体育学院学生会第十七届委员会成员、第十八届候选委员、82名学生代表参会。
9月7日	国家体育总局体育高端智库——苏州大学东吴体育智库（2023—2025年）调研工作会议在红楼会议中心召开。
9月8日	体育学院在院教师发展中心举行"新教师入职'第一课'"的岗前培训。
9月18日—21日	体育学院承办了连云港市体育系统管理干部综合能力提升班。
9月22日	体育学院第十九次研究生代表大会在文辉楼隆重召开。
9月22日—24日	由中国康复医学会体育保健康复专业委员会主办、成都体育学院承办、教育部普通高校体育教学指导委员会技术组协办的第五届全国高校运动康复专业学生技能大赛在成都体育学院举行。体育学院2020级运动康复专业学生刘子吟、王依然、潘龙玥、徐昕荣获团体一等奖。
10月11日	根据学校党委统一部署，校党委第二轮巡察第六巡察组对体育学院党委开展巡察工作。巡察工作动员会在文辉楼召开，第六巡察组全体成员、体育学院全体教职工参加会议。
10月18日	学院召开"中小学体育浸润"工作总结交流会。
10月19日	教育实习公开课在昆山市第一中学按期举行。
10月20日	体育学院在东吴饭店举行退休教师重阳节茶话会，学院党政领导、工会主席以及在职教师代表与到会的退休教师欢聚一堂，共度重阳佳节。
10月26日	苏州大学"耘家教育"运动康复专业学生培养专项基金捐赠仪式

	在文辉楼举行。
11月1日	体育学院邀请教育部《义务教育体育与健康课程标准》研制组与修订组核心成员潘绍伟教授进行学术交流。
11月17日—19日	由江苏省大学生体育健康产业创新创业联盟、江苏省高校体育教学指导委员会主办，苏州大学承办的第八届江苏省大学生体育健康产业创新创业大赛成功举办。
11月23日—25日	体育学院承办华东区高校体育院（系）协作组年会。
11月25日	"'名城名校'2023苏州大学校园马拉松赛"暨江苏省大学生马拉松联赛在苏州大学天赐庄校区举行。
11月30日—12月2日	体育学院承办了"南通市儿体校主题教育暨职业素养提升研修班"，开班典礼在文辉楼举办，南通市儿童业余体校教职工共40余人参加培训。
12月1日	苏州市名师发展共同体（体育组）集中研修暨苏州大学体育教育国家级一流本科专业建设研讨会在体育学院召开。
12月1日—3日	江苏省学生体育协会主办的江苏省大学生乒乓球锦标赛在南京信息工程大学举行。体育学院学生获得3枚金牌、4枚银牌、3枚铜牌，共获得28个奖项。
12月6日	校党委第二轮巡察第六巡察组巡察体育体育学院党委情况反馈会议在文辉楼召开。
12月7日	国家体育总局体科所所长曹景伟教授应邀来体育学院作了题为"中美奥运博弈下的科技创新与自立自强"的学术报告。
12月9日	"2023中国体育文化博览会 中国体育旅游博览会"高等院校校长论坛在苏州举行。本次体育文化博览会由国家体育总局、中国奥委会主办，体育旅游博览会由中华全国体育总会、中国奥委会和中国旅游协会主办，高等院校校长论坛由体育学院承办。
12月15日—18日	苏州大学体育学研究生国际创新论坛、第十一届江苏省体育学研究生教育创新论坛、第五届东吴博士论坛在苏州大学天赐庄校区举行。
12月15日	江苏省体育科学学会第七届二次理事会暨第七届第三次常务理事会在体育学院召开。
12月17日	江苏体育学学科联盟成立大会在体育学院召开。
12月27日	体育学院五届三次教职工代表大会在文辉楼召开。本次教代会正式代表24人，列席代表4人，会议由院工会主席王荷英主持。